全国技工院校汽车维修专业模块化教材
（中级技能层级）

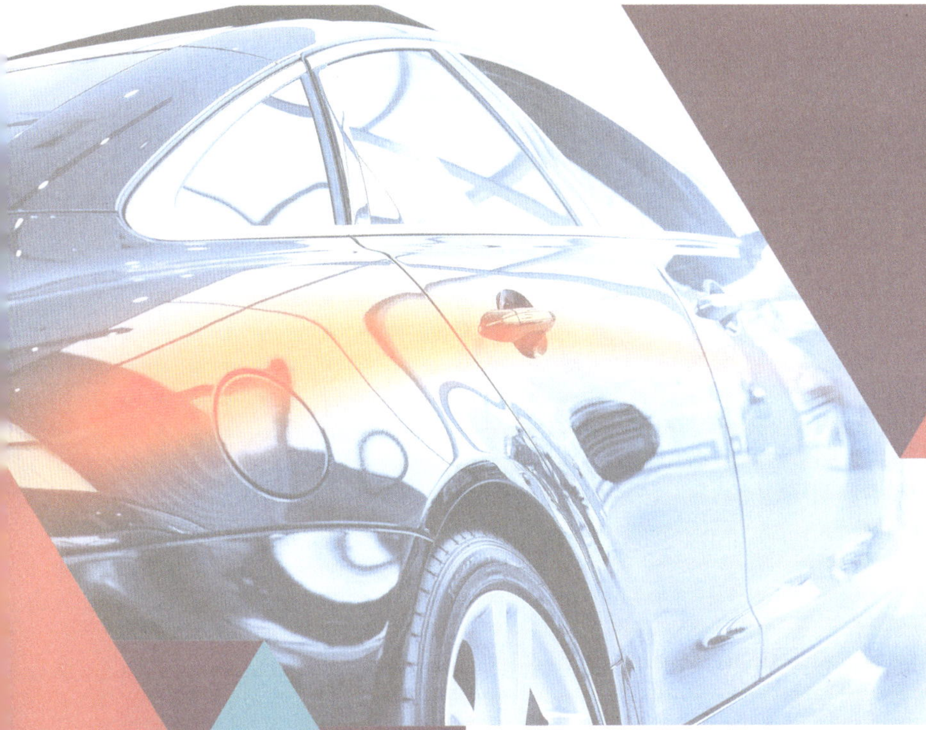

汽车发动机拆装与维修实训

（第二版）

刘书琴◎主编

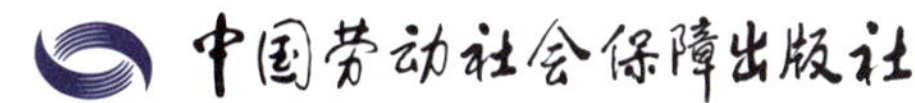

简介

本书主要内容包括发动机总体结构认识和拆卸、零部件的清洗与检测、零部件的更换、发动机的装配与调试等。

本书由刘书琴任主编，刘亮任副主编，顾海泉、韦利、冯凯骏、黄河、汪清、季小峰、吴东森参与编写，邹龙军任主审。

图书在版编目（CIP）数据

汽车发动机拆装与维修实训 / 刘书琴主编 . -- 2 版 . 北京 : 中国劳动社会保障出版社，2024. --（全国技工院校汽车维修专业模块化教材）. -- ISBN 978-7-5167-6495-4

Ⅰ. U464. 06; U472. 43

中国国家版本馆 CIP 数据核字第 2024VJ1483 号

中国劳动社会保障出版社出版发行

（北京市惠新东街 1 号　邮政编码：100029）

*

保定市中画美凯印刷有限公司印刷装订　　新华书店经销

787 毫米 ×1092 毫米　16 开本　8.75 印张　165 千字

2024 年 7 月第 2 版　　2024 年 7 月第 1 次印刷

定价：22.00 元

营销中心电话：400-606-6496

出版社网址：http://www.class.com.cn

http://jg.class.com.cn

前　言

为了适应汽车行业的发展现状，更好地满足全国技工院校汽车维修专业的教学需求，全面提升教学质量，我们组织全国有关学校的一线教师和行业、企业专家，在充分调研企业用人需求和学校教学情况、吸收借鉴各地技工院校教学改革的成功经验的基础上，根据人力资源社会保障部颁布的《全国技工院校专业目录》及相关教学文件，对全国技工院校汽车维修专业教材进行了修订和新编。

本次修订（新编）工作的重点主要有以下几个方面。

科学规划教学模块

本套教材采用“模块化”体系构建，划分为基础模块、发动机模块、底盘模块、电气模块、维护与诊断模块、选修模块等六大模块，教学操作性好，可满足技工院校汽车维修专业的教学需求。

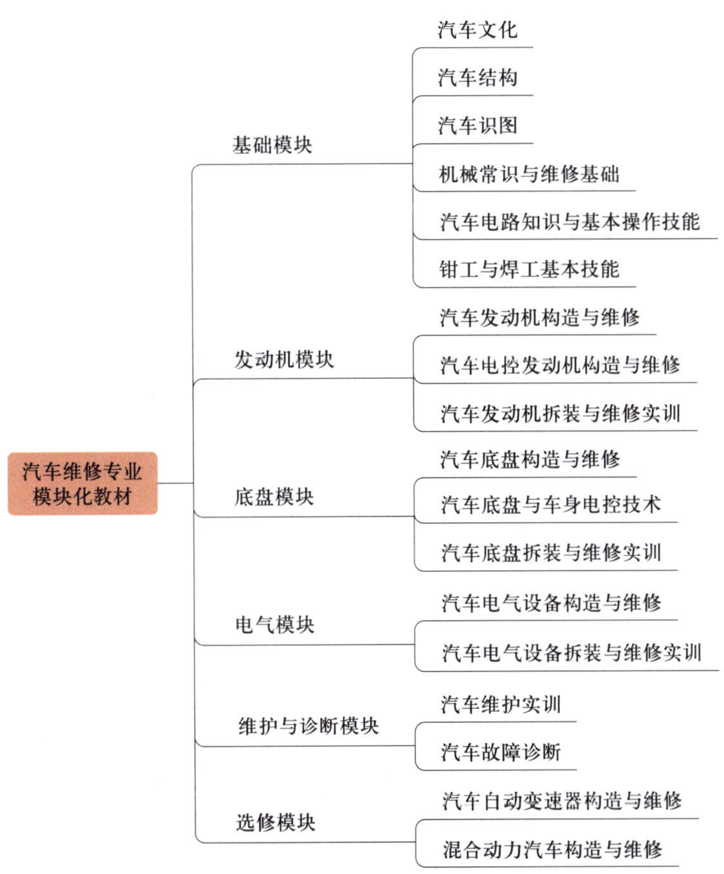

突出职业教育特色

坚持以能力为本位，突出职业教育特色。通过行业、企业调研，掌握企业对汽车维修专业人才的岗位需求和技能要求，确定人才培养目标，构建科学合理的课程体系。根据课程教学目标，合理确定学生应具备的知识与能力结构；充分考虑企业生产实际，选择当前市面上广泛使用的汽车车型进行教学。

根据汽车维修专业毕业生就业岗位的实际需要和行业发展趋势，合理确定学生应具备的能力和知识结构，对教材内容及其深度、广度、难度进行了调整。同时，进一步突出实际应用能力的培养，以满足社会对技能型人才的需求。

创新教材内容形式

在编写模式上，根据技工院校学生认知规律，以完成具体工作任务为主线组织教材内容，将理论知识的讲解与工作任务载体有机结合，激发学生的学习兴趣，提高学生的实践能力。

在教材内容的表现形式上，较多地利用实物照片和表格等形式将知识点生动地展示出来，力求让学生更直观地理解和掌握所学内容。部分教材采用四色印刷，图文并茂，增强了教材内容的表现效果，提高了教材的可读性，更符合学生的阅读习惯。

根据相关专业领域的最新发展，在教材中充实新知识、新技术、新设备、新材料等方面的内容，体现教材的先进性。采用最新的国家技术标准，使教材内容更加科学和规范。

提供丰富教学资源

在教学服务方面，为方便教师教学和学生学习，配套提供了教学设计方案、电子课件、习题册答案等教学资源，可通过技工教育网（http://jg.class.com.cn）下载使用。除此之外，在部分教材中还借助二维码技术，针对教材中的重点、难点内容，制作了微视频等多媒体资源，可使用移动设备扫描二维码在线观看。

编者

2024 年 4 月

目　录

模块一　发动机总体结构认识和拆卸

模块二　零部件的清洗与检测

模块三　零部件的更换

模块四　发动机的装配与调试

模块一
发动机总体结构认识和拆卸

任务1 发动机总体结构认识

实训目标

1. 能说出发动机的组成及各零部件的名称。
2. 能说出汽油发动机两大机构和五大系统的组成。

实训器材

1. 发动机拆装台架、实训整车、举升机。
2. 发动机拆装专用工具、零件车、工具车、工作台、支撑垫块、签字笔、抹布。
3. 发动机维修手册、发动机相关图册若干。

知识讲解

一、发动机在整车中的位置

发动机是汽车的动力源泉，为整个汽车提供动力。除个别型号的汽车外，一般轿车的发动机通常安装在汽车发动机舱盖中。

二、发动机技术参数

本教材以LDE发动机为例介绍汽车发动机拆装与维修实训，实际操作过程中各技术参数、螺栓紧固力矩等应参考不同车型维修手册的规定。LDE发动机技术参数见下表。

型号	LDE
排量	1.6 L
最大功率	86 kW
扭矩	150 N · m
压缩比	10.8
气缸数	4

三、发动机总体结构

1. 作用

发动机的主要作用是将燃料燃烧的热能转化成机械能，并对外输出。

2. 组成

汽油发动机是由两大机构和五大系统组成的，即曲柄连杆机构、配气机构、燃料供给系统、润滑系统、冷却系统、点火系统、起动系统。

四、曲柄连杆机构

1. 作用

曲柄连杆机构的作用是将燃料燃烧时产生的热能转变为活塞往复运动的机械能，再通过连杆将活塞的往复运动变为曲轴的旋转运动，并对外输出动力。

2. 组成

曲柄连杆机构主要由机体组、活塞连杆组、曲轴飞轮组组成，其中机体组由气缸体、气缸盖、气缸盖罩、气缸衬垫以及油底壳等组成，活塞连杆组由活塞、活塞环、活塞销、连杆及连杆轴瓦等组成，曲轴飞轮组由曲轴、飞轮以及其他不同作用的零件和附件等组成。

五、配气机构

1. 作用

配气机构的作用是定时将各气缸进气门和排气门打开或关闭，使可燃混合气及时充入气缸，并及时从气缸内排出废气。

2. 组成

配气机构主要由气门组和气门传动组两部分组成。

（1）气门组

气门组主要由气门锁片、气门弹簧座、气门弹簧、气门油封、气门导管、进气门座、排气门座、排气门、进气门等组成。

（2）气门传动组

气门传动组主要由凸轮轴、挺柱、推杆、摇臂、摇臂轴等组成。

六、燃料供给系统

1. 作用

将燃油以一定的压力输送给气缸，以供燃烧。

2. 组成

燃油供给系统主要由燃油箱、电动燃油泵、空气滤清器、燃油滤清器、喷油器、燃油压力调节器、活性炭罐、回油管等组成。

七、润滑系统

1. 作用

润滑系统的作用是将润滑油输送给做相对运动的零件表面，以减小摩擦阻力，减轻机件磨损，还可部分冷却摩擦零件并清洗零件表面，同时兼具密封、防锈、减振及缓冲等作用。

2. 组成

润滑系统由油底壳、机油滤清器（机油粗滤器、机油细滤器）、油泵、限压阀、旁通阀土油道等组成。

八、冷却系统

1. 作用

冷却系统的作用是使工作中的发动机适度冷却，并使发动机在最适宜的温度下工作（一般为 80～105 ℃）。

2. 组成

冷却系统由散热器、储液罐、导风护罩、电动风扇、冷却液泵、节温器气缸体水套、气缸盖水套、发动机水套排气管、节气门热水管等组成。

九、点火系统

1. 作用

点火系统的作用是将电能转化为热能，点燃可燃混合气，使发动机正常工作。点火系统的工作原理是利用点火线圈将蓄电池的低压电转化为高压电，然后通过发动机电控单元（ECU）控制点火线圈的通断使高压电通过火花塞跳火点燃可燃混合气，从而使发动机正常工作。

2. 组成

点火系统主要由发电机、点火线圈、蓄电池点火开关、火花塞等组成。

十、起动系统

1. 作用

起动系统的作用是通过起动机将蓄电池的电能转换成机械能，启动发动机运转。

2. 组成

起动系统主要由蓄电池、起动继电器、起动机、点火开关等组成。

任务2 外围部件的拆卸

实训目标

1. 能说出发动机外围部件（包括各传感器、执行器）的名称及安装位置。
2. 能完成发动机外围部件的拆卸。
3. 能按照技术要求拆卸发动机外围部件。
4. 能说出拆卸发动机外围部件的注意事项。

实训器材

1. 发动机拆装台架、实训整车。
2. 发动机拆装专用工具、零件车、工具车、工作台、润滑油盆、冷却液盆、气枪、机油滤清器扳手、抹布。
3. 发动机教材、维修手册、发动机的相关图册。

技能训练

一、操作前准备

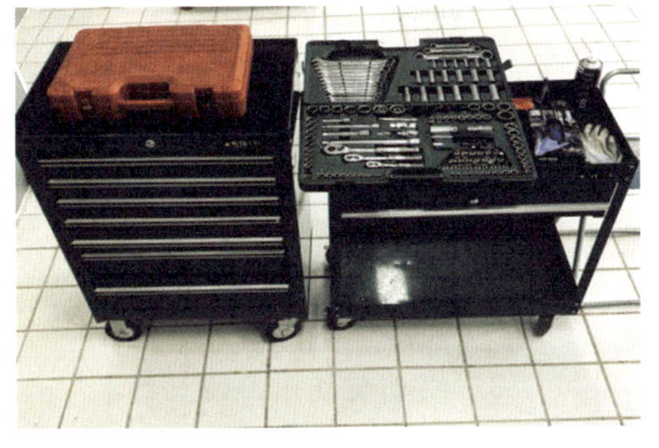

1. 将工位清理干净，准备好所需的工具、物品等。

2. 准备好发动机拆装台架并安全固定。

3. 详细记录所拆卸的零件及其安装顺序，以保证装配时不出错。

提示：

◆ 培养良好的工作习惯，做好工作前准备，有利于安全操作和提高工作效率。

二、燃油供给系统卸压

1. 关闭点火开关，断开汽车发动机电路。

2. 在发动机舱内找到熔丝继电器插座板及燃油泵熔丝（20 A）。

提示：

◆ 燃油泵熔丝在左图所示20号位置。

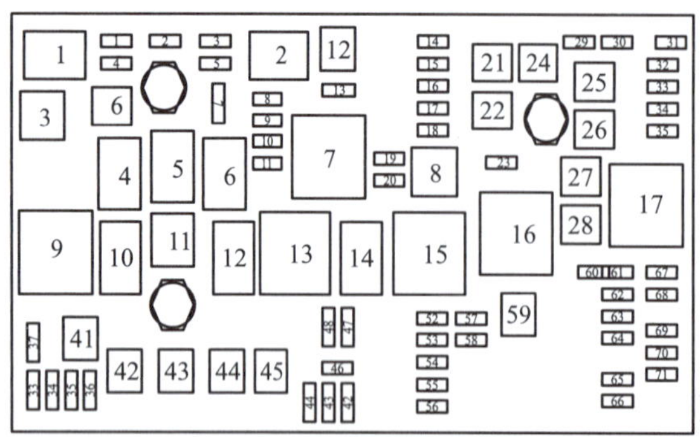

◆ 熔丝继电器插座板位于发动机舱左侧减振器前方。

◆ 该操作的主要目的是使发动机电动燃油泵不工作。

3. 启动发动机，待其自动熄火后，关闭点火开关。

提示：

◆ 该操作的主要目的是释放燃油供给系统的燃油压力。

◆ 燃油泵不工作，因此连续启动 2～3 次，可对燃油供给系统卸压。

三、断开发动机电源（拆下蓄电池）

拧松蓄电池负极螺栓，取下负极导线，使其离开负极柱；拆下蓄电池正极导线，拆下蓄电池。

提示：

◆ 该操作的目的是避免拆卸过程中发生电路短路事故。

◆ 拆卸蓄电池时，一般先拆负极，后拆正极，安装时则按相反顺序。

◆ 拆卸蓄电池时不可倾斜。

四、断开燃油管路

1. 断开进油管和回油管。

用旋具拧松油管卡箍螺栓，依次拔下进油管和回油管。

提示：

◆ 断开油管时，用干净抹布将油管接头包住，以防止燃油泄漏。

◆ 区分进、回油管可看燃油导轨箭头标记。

2. 在油管上插上密封专用工具。

提示：

◆ 将密封专用工具插入断开的油管内，以减少燃油泄漏，同时防止污物进入油管而污染燃油或堵塞油管。

五、放净润滑油

将润滑油盆置于发动机油底壳放油螺栓正下方，放净润滑油。

提示：

◆ 为使润滑油排放干净，需将气缸盖罩上的润滑油加注口盖拧下来并拔出油尺。

◆ 发动机必须使用 API 质量等级 SJ 级别或以上级别的润滑油，牌号为 5W-40。

六、放净冷却液

1. 将冷却液盆置于散热器下方，正对散热器出水口。

提示：

◆ 雪佛兰车型的散热器上无放水阀，冷却液的排放是通过拆卸散热器下水管来实现的。

◆ 冷却液添加剂 G12 具有防冻、防腐、防垢和提高沸点的特性。

2. 将散热器下水管的卡箍松开，拉开水管，让冷却液流入盆中。

提示：

◆ 为使冷却液能排放干净，需将储液罐盖打开。

◆ 发动机使用 TLVW774D 标准的防冻防腐剂 G12（红色）。

◆ 发动机冷却液箱的容积为 6 L。

3. 拆下发动机下水管。

4. 拆下发动机上水管。

用旋具拧松水管卡箍，拔下水管。

七、拆下电控系统传感器和执行器线束连接器

1. 拔下喷油器导线插头。

在燃油分配管上找到喷油器导线插头，用手按下喷油器导线插头后端卡子，拔下喷油器导线插头；依次拔下其余三缸喷油器导线插头，取下整个线束。

提示：

◆ 拔下喷油器导线插头时，先用手将两侧卡子捏住，然后往外拉，不得拉拽导线。

2. 拔下凸轮轴位置传感器插头。

用手按下凸轮轴位置传感器插头后端卡子，拔出插头。

提示：

◆ 凸轮轴位置传感器插头位于凸轮轴齿轮的外侧。

◆ 拔插头时要注意技巧，不得乱拔、乱拽。

3. 断开转速传感器插头和两个爆燃传感器插头。

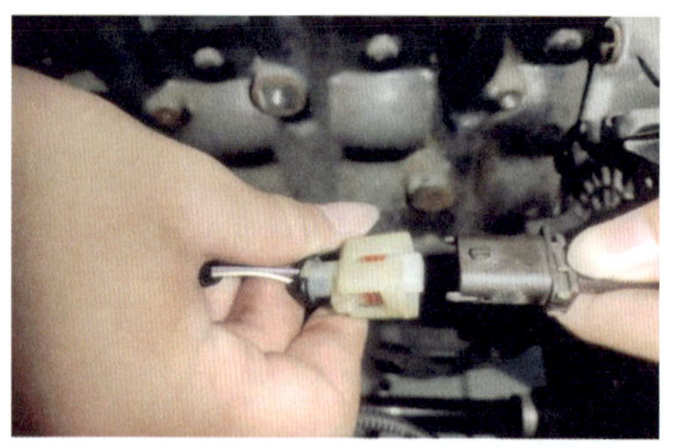	4. 断开氧传感器插头。 提示： ◆ 氧传感器插头位于发动机里侧。 ◆ 用手按下氧传感器插头后端卡子，拔出插头。
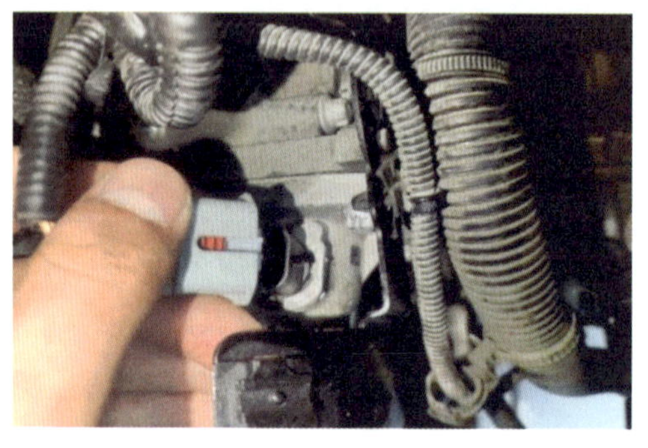	5. 断开冷却液温度传感器插头。 提示： ◆ 冷却液温度传感器插头为 4 针脚，位于发动机后端出水管三通处。
	6. 断开进气温度传感器插头。 用手按下进气温度传感器插头后端卡子，拔出插头。 提示： ◆ 进气温度传感器插头为 2 针脚，位于发动机节气门后。
	7. 断开机油压力传感器插头。 用手按下机油压力传感器插头后端卡子，分别拔下高、低压机油压力传感器插头。 提示： ◆ 发动机装有高、低压两个机油压力传感器插头。 ◆ 机油压力传感器线束为单线，负极搭铁。

8. 断开散热器热敏开关插头。

用手按下散热器热敏开关插头后端卡子，拔出插头。

提示：

◆ 散热器热敏开关插头为 3 针脚，位于散热器左侧处。

9. 断开空气流量计插头。

用手按下空气流量计插头后端卡子，拔出插头。

提示：

◆ 空气流量计插头位于空气滤清器壳体侧面的空气流量计上。

10. 断开点火模块的导线插头。

提示：

◆ 点火模块的导线插头为 7 针脚。

八、拆下进气管路软管

1. 拆下空气滤清器。

提示：

◆ 从空气滤清器壳体中取出滤芯时，要尽量避免抖动滤芯，防止吸附在滤芯上的沙尘掉入进气管。

◆ 使用干净棉纱擦拭空气滤清器盖及下壳体内壁，将尘土等污物清除。

◆ 禁止擦拭安装在空气滤清器盖上的空气流量计。

2. 清洁滤芯。

用气枪清洁滤芯，清洁滤芯上吸附的沙尘。

提示：

◆ 清洁滤芯时会有尘土，操作人员应佩戴防护面罩。

◆ 如果滤芯达到使用期限或损坏应及时更换。

◆ 气枪气流方向应与滤芯工作时的气流方向相反。

九、拆下节气门体上的管路及附件

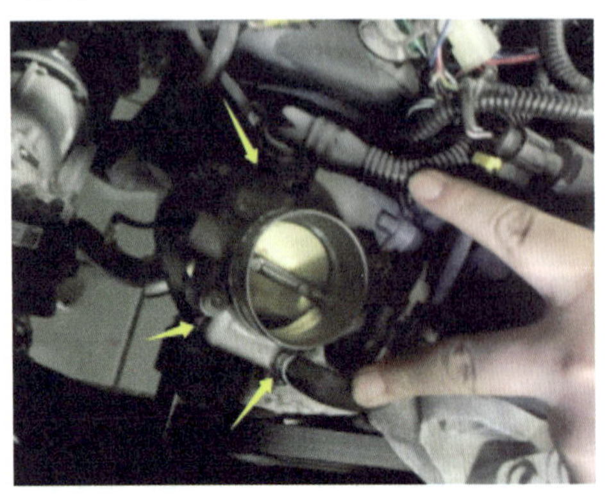

1. 拆下节气门体上的各管路。

（1）拔下进气软管。

（2）拔下制动助力装置的真空管和活性炭罐过滤器阀的真空管。

2. 断开节气门传感器插头。

用手按下节气门传感器插头卡子，断开节气门传感器插头。

提示：

◆ 节气门传感器插头共有7个针脚，位于节气门体上。

◆ 节气门传感器具有节气门开度信号和怠速控制功能。

3. 拆卸两根节气门预热水管。

用鲤鱼钳夹住水管卡箍，依次拆卸两根预热水管。

提示：

◆ 节气门预热水管主要起进气预热和防止节气门轴冻结的作用。

十、拆下剩余的水管

依次拆下空调暖风水管和散热器上的冷却液回液管。

提示：

◆ 能正确认识每根水管的流向，主要有通往节气门体的、通往空调暖风装置的、通往散热器和冷却液泵的。

十一、拆下发电机

1. 拆下发电机传动带。

用专用工具扳住传动带张紧器，用销钉固定张紧器，取下发电机传动带，再取出销钉。

提示：

◆ 若不更换拆卸后的发电机传动带，应在传动带上做好方向记号。

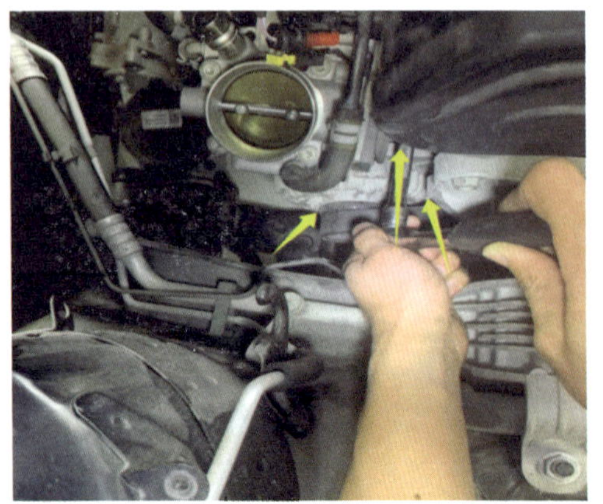

2. 拆下发电机固定螺栓。

拧下发电机上固定螺栓和下固定螺栓、螺母。

提示：

◆ 下固定螺栓拆卸较困难，应注意安全。

3. 拆下发电机连接导线。

拆下发电机电源导线固定螺母和发电机指示灯导线固定螺母，取下发电机。

提示：

◆ 发电机后端接线柱符号：D+ 接仪表充电指示灯，B+ 接蓄电池正极。

4. 拆除传动带张紧器。

拧下传动带张紧器的 3 个固定螺栓，取下传动带张紧器。

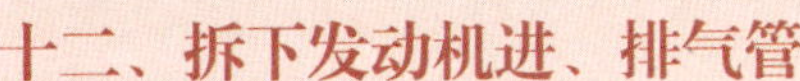

十二、拆下发动机进、排气管

1. 取出发动机润滑油尺。

提示：

◆ 润滑油尺的作用是检查发动机润滑油量。

<table>
<tr><td></td><td>2. 拆下燃油分配管总成。
拧下燃油分配管的两个固定螺栓，将燃油分配管和喷油器一同取下。
提示：
◆ 燃油分配管的作用是将恒定压力的燃油输送到各缸喷油器。
◆ 燃油分配管上设有燃油压力调节器、进油管、回油管和喷油器插孔。</td></tr>
<tr><td>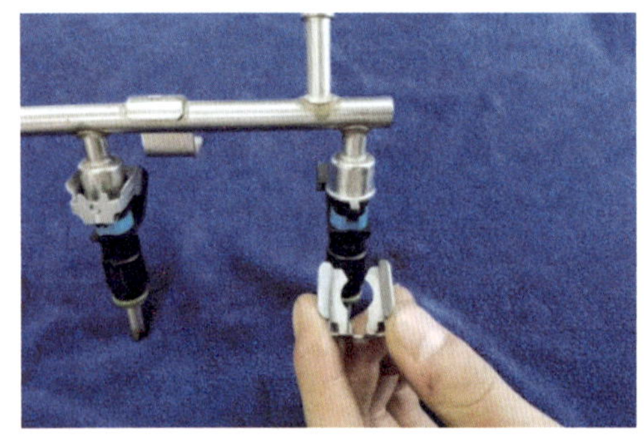</td><td>3. 拆下喷油器。
用尖嘴钳拔下喷油器卡簧，取下喷油器。
提示：
◆ 取下喷油器后，要注意保管喷油器上的 O 形密封圈，不要丢失。
◆ 取下喷油器后，应及时将进气歧管上的孔堵住，以防杂物掉入。</td></tr>
<tr><td>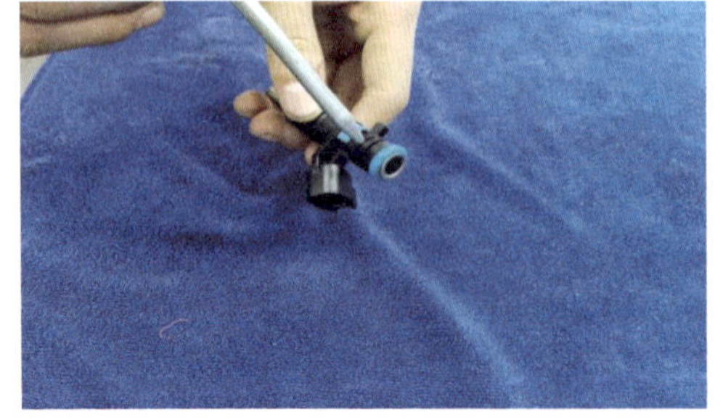</td><td>4. 取下喷油器上的 O 形密封圈。
提示：
◆ 可涂抹少许润滑油润滑，以方便取下。
◆ O 形密封圈具有隔热和密封作用，能防止喷油器中的燃油产生气泡，若其损坏将造成喷油器位置漏油，影响发动机正常工作。</td></tr>
</table>

5. 拆下进气歧管。

（1）拧下进气歧管上的 8 个固定螺栓。

提示：

◆ 拆卸进气歧管固定螺栓时，应按照由外向内、对角的顺序，分 2～3 次拧松螺栓。

（2）取下进气歧管。

（3）取下进气歧管垫。

提示：

◆ 进气歧管垫的作用是加强密封，如果其损坏会造成漏气，引起发动机怠速不正常故障。

◆ 进气歧管垫不可重复使用。

6. 拆下排气歧管。

（1）拧下隔热罩的 4 个固定螺栓，拆下排气歧管隔热罩。

提示：

◆ 隔热罩位于排气歧管上，主要起排气、隔热作用。

◆ 拆卸螺栓时应按由外向内的顺序，分 2～3 次拧下。

（2）依次拧下排气管与排气歧管连接的 4 个固定螺栓，拆下排气管。

提示:

◆ 拆卸排气管固定螺栓时，应按照对角顺序，分 2～3 次拧松螺栓。

（3）拧下排气歧管的 8 个固定螺栓，取下排气歧管和排气歧管接口垫。

提示:

◆ 排气歧管固定螺栓的拆卸方法与进气歧管相同。

◆ 排气歧管接口垫不可重复使用。

十三、拆下起动机

1. 拆下起动机线束。

拆下起动机电源导线固定螺母，取下电源导线，拔下起动机控制导线插头。

2. 拆下起动机。

拆下起动机固定螺栓，取下起动机。

提示:

◆ 起动机一般固定在变速器壳体上。

十四、拆下机油滤清器总成

1. 用机油滤清器扳手拧下机油滤芯。

2. 拆下机油滤芯座。

（1）依次拆下机油滤芯座固定螺栓。

提示：

◆ 分2~3次拧松机油滤芯座固定螺栓。

（2）取下机油滤芯座。

十五、拆下惰轮、压缩机支架

拆下惰轮、压缩机支架的 6 个固定螺栓，取下压缩机支架。

十六、拆下节温器

1. 拆下节温器壳体及下水管。

提示：

◆ 节温器壳体由 4 个螺栓固定。

	2. 取下节温器壳体。
	3. 取出 O 形密封圈。 提示: ◆ O 形密封圈不可重复使用。

任务③ 配气机构的拆卸

实训目标

1. 能说出发动机配气机构的组成及各零部件的名称。
2. 能完成发动机配气机构的拆卸。
3. 能说出拆卸发动机配气机构的注意事项。

实训器材

1. 发动机拆装台架。

2. 发动机拆装专用工具、零件车、工具车、工作台、记号笔、气门弹簧拆装钳、气门油封钳、抹布。

3. 发动机教材、维修手册、发动机的相关图册若干。

技能训练

一、操作前准备

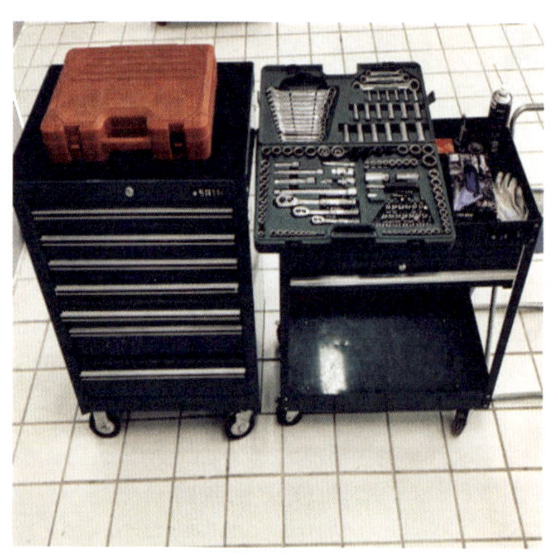

1. 将工位清理干净，准备好所需的工具、物品等。

2. 检查发动机拆装台架是否完好以及是否安全固定。

提示：

◆ 培养良好的工作习惯，做好工作前准备，有利于安全操作和提高工作效率。

二、拆卸正时带

1. 拆下正时带上护罩。

分别取下两侧的护罩搭扣，先稍用力提拉一下，然后取下上护罩。

提示：

◆ 护罩可防止灰尘、油、水、杂质等进入，同时也起保护正时带的作用。

2. 拆下正时带中护罩。

依次拧下中护罩的 3 个固定螺栓，取下中护罩。

提示：

◆ 检查中护罩上的上止点标记是否完好。

3. 拆下曲轴传动带带轮。

用专用工具固定住飞轮，依次拧下曲轴传动带带轮的 4 个固定螺栓，取下带轮（如连接较紧可用橡胶锤轻轻敲击）。

提示：

◆ 检查带轮上的上止点标记是否完好。

	4. 拆下正时带下护罩。 依次拧下下护罩的 2 个固定螺栓，取下下护罩。
	5. 松开正时带张紧轮。 用专用工具固定张紧轮，拧松张紧轮固定螺栓，取下张紧弹簧。 **提示：** ◆ 张紧轮的作用是调节带的松紧度，减小带在运行中的振动并在一定程度上防止带打滑，保证动力传递的稳定。
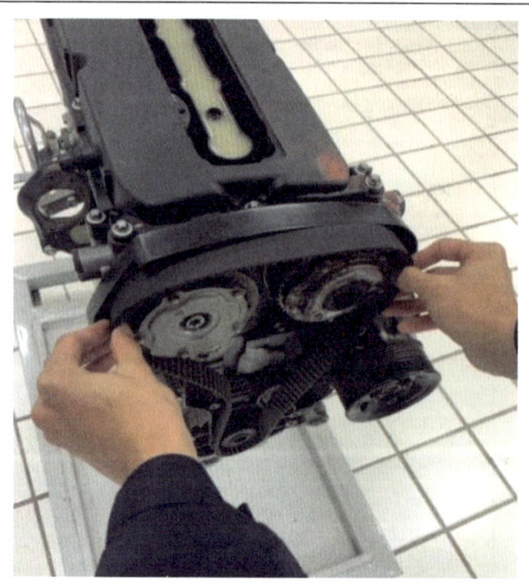	6. 取下正时带。 **提示：** ◆ 如果重复使用正时带，要按发动机旋转方向在带上画一个方向箭头。 ◆ 正时带上不可沾水、油等污物。 ◆ 正时带不可弯折、不可压重物。

7. 拆下正时带张紧轮。

拆下张紧轮螺母，取下张紧轮。

三、拆卸气缸盖

1. 拆下正时带后护罩。

依次拧下后护罩的 3 个固定螺栓，取下后护罩。

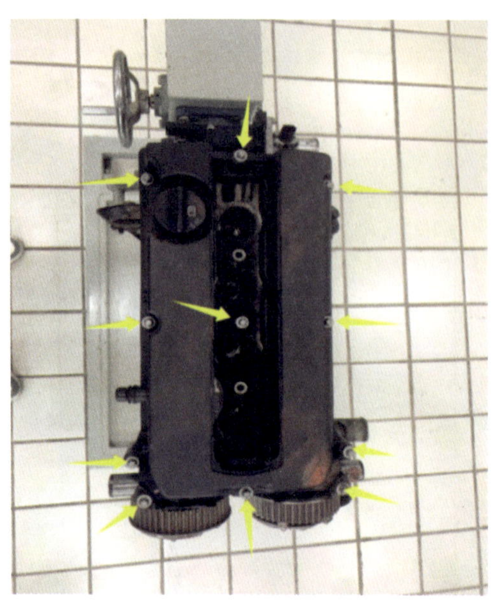	2. 拆下气门室罩盖螺栓。 依次拧下 11 个固定螺栓。
	3. 取下气门室罩盖。
	4. 拆卸气缸盖固定螺栓。 提示： ◆ 按照左图中编号 1～10 的顺序，分 2～3 次拧下气缸盖固定螺栓。

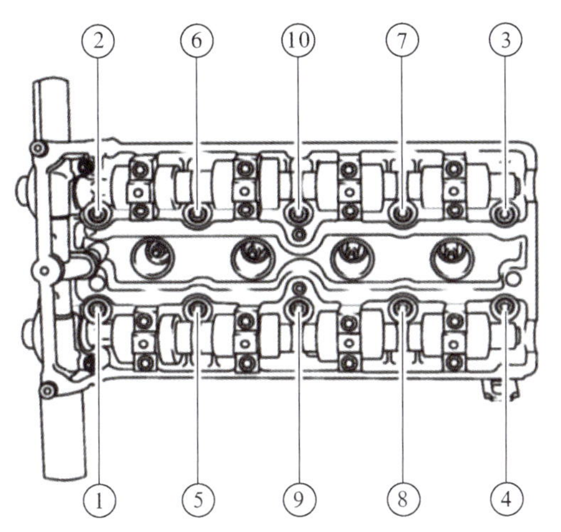

◆ 如果不按正确顺序拆除螺栓，气缸盖会发生翘曲变形，严重时可能会损坏气缸盖。

5. 取出气缸盖固定螺栓。

提示：

◆ 依次用套筒或吸棒取出气缸盖固定螺栓及垫片。

◆ 规范摆放拆下的螺栓，并标记好每个螺栓对应的位置。

6. 拆下气缸盖。

提示：

◆ 从气缸体上的定位销处撬起气缸盖。

◆ 将气缸盖放置在橡胶块上（或长形木块）。

7. 取下气缸垫。

提示：

◆ 拆下的零件应按拆卸的先后顺序摆放整齐，以便于清洗和检查。

四、分解气缸盖

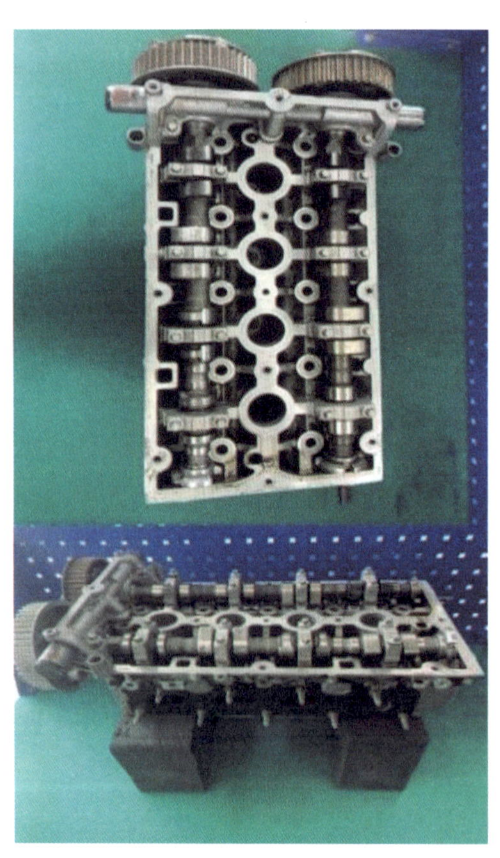

1. 将气缸盖总成平放在工作台上。

	2. 拆下进、排气凸轮轴正时带轮。
	3. 从凸轮轴上取下半圆键。
	4. 拆卸凸轮轴轴承盖。 **提示:** ◆ 先交替对角拆卸1、3、5号凸轮轴轴承盖，然后交替对角松开2、4号轴承盖。 ◆ 拆下的凸轮轴轴承盖按顺序摆放整齐。

	5. 取出凸轮轴和凸轮轴油封。
	6. 取出各缸的液压挺柱。 提示: ◆ 在拆下的液压挺柱上做好标记，液压挺柱不可互换。
	7. 用气门弹簧拆装钳将气门弹簧座压下，取出气门锁片和气门弹簧。
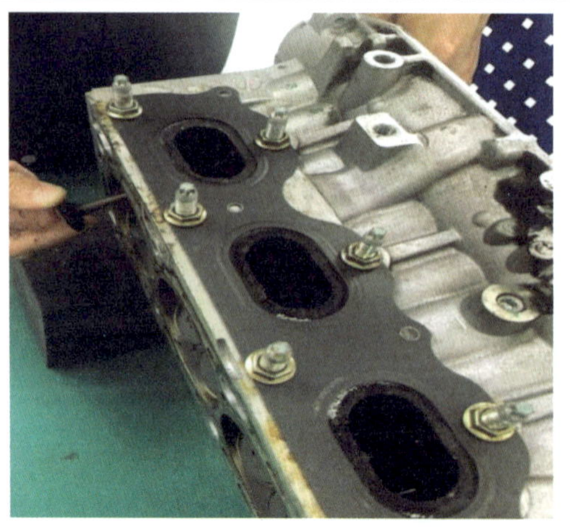	8. 取出各缸的进、排气门。 提示: ◆ 拆卸时，必须对气门做好标记，气门不可互换。

	9. 用气门油封钳取出气门油封。
	10. 用专用工具取出气门导管。

任务4 活塞连杆组的拆卸

实训目标

1. 能说出发动机活塞连杆组的组成及各零部件的名称。
2. 能完成发动机活塞连杆组的拆卸。
3. 能说出拆卸发动机活塞连杆组的注意事项。

实训器材

1. 发动机拆装台架。
2. 发动机拆装专用工具、零件车、工具车、工作台、铲刀、记号笔、活塞环拆装钳、抹布。
3. 发动机教材、维修手册、发动机的相关图册若干。

技能训练

一、操作前准备

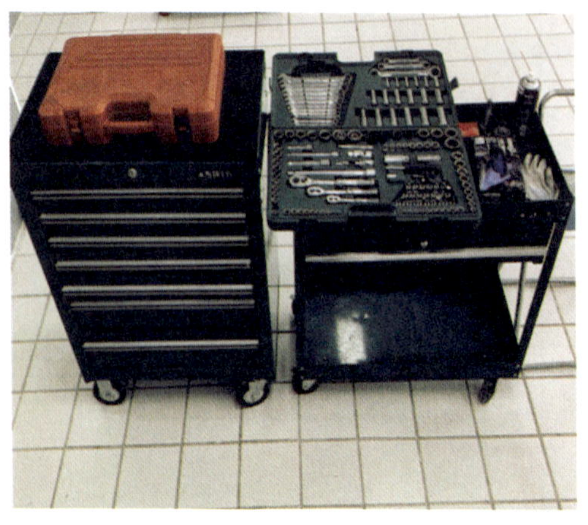	1. 将工位清理干净，准备好所需的工具、物品等。 2. 检查发动机拆装台架是否完好以及是否安全固定。 **提示：** ◆ 培养良好的工作习惯，做好工作前准备，有利于安全操作和提高工作效率。
	3. 转动发动机拆装台架。
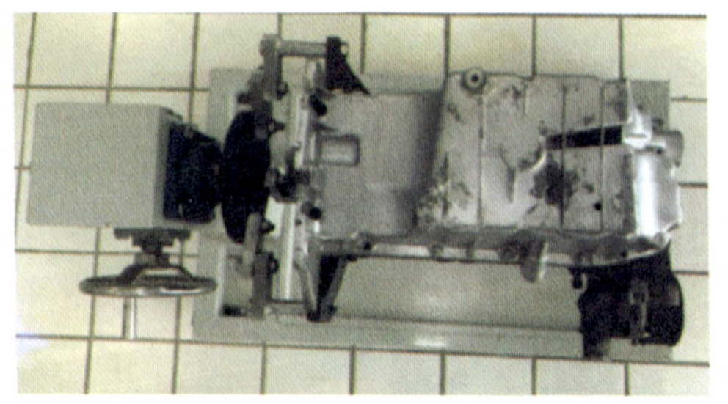	4. 转动发动机使油底壳朝上。

二、拆卸油底壳

	1. 拆下油底壳。 （1）按顺序拆下油底壳上的 20 个螺栓。 提示： ◆ 拆卸螺栓时，应按对角顺序分 2～3 次拧松螺栓。
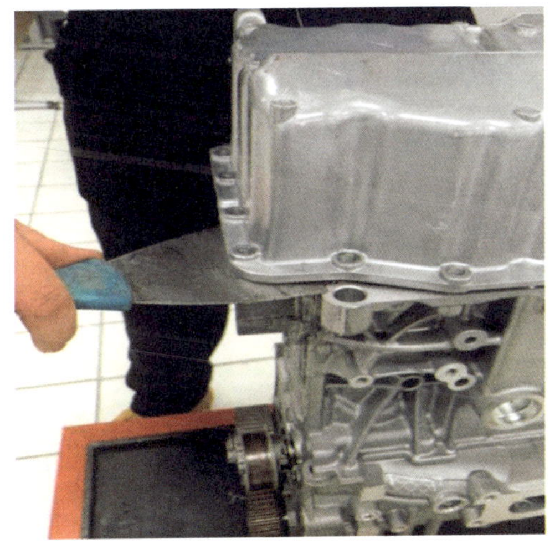	（2）在气缸体和油底壳之间插入铲刀，铲开密封垫并取下油底壳。 提示： ◆ 使用铲刀时要注意不要损坏油底壳凸缘。
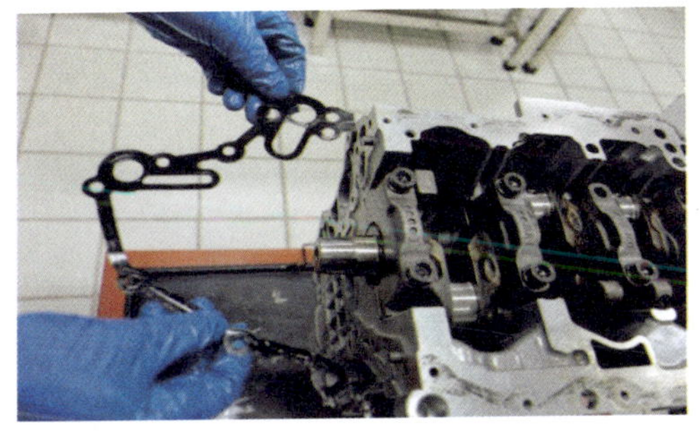	2. 取下油底壳密封垫。

三、拆卸活塞连杆组

	1. 将第 1 缸活塞转至下止点位置。 提示： ◆ 如左图所示，转动曲轴，将 1 缸曲拐朝上放置。
	2. 拆卸连杆轴承盖。 （1）分 2~3 次拆下 1 缸连杆轴承盖上的螺栓。 提示： ◆ 螺栓拆下后可连同轴承盖一同取下。 ◆ 在拆卸前应观察连杆轴承盖上有无缸序标记及向前装配标记，若无法观察到，应做好标记。
	（2）取下连杆轴承盖。 提示： ◆ 用橡胶锤轻敲连杆轴承盖，按左图所示的方法左右晃动取下连杆轴承盖。

3. 取出活塞连杆组。

提示：

◆ 用橡胶锤轻敲连杆螺栓处，将活塞连杆组从下部取出。

◆ 应用手托住活塞连杆组下部，以防止其掉落损坏。

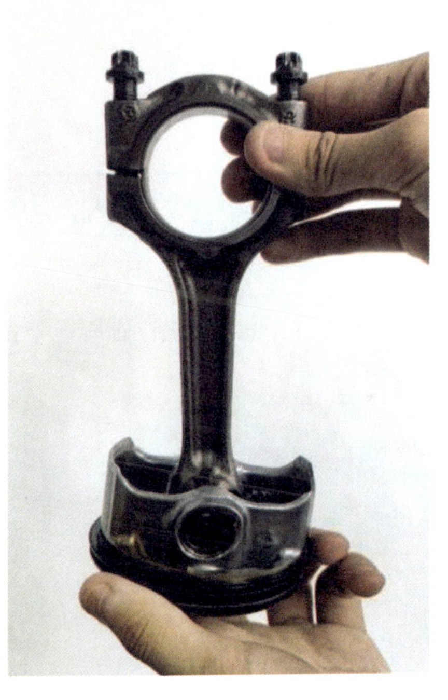

4. 查验活塞连杆组标记。

提示：

◆ 将取下的活塞连杆组重新组合起来，验证1缸的标记。

◆ 注意连杆与轴承盖的方向。

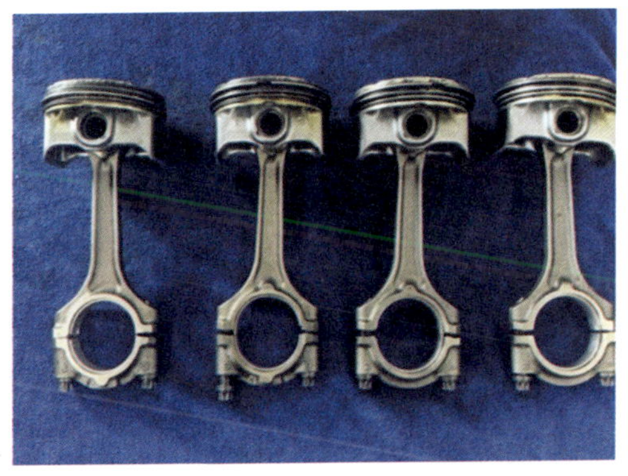

5. 拆下其余的活塞连杆组。

提示：

◆ 用拆卸1缸活塞连杆组的方法拆卸2、3、4缸活塞连杆组。

◆ 每组活塞连杆组必须做好标记，以防装复时弄乱顺序。

四、分解活塞连杆组

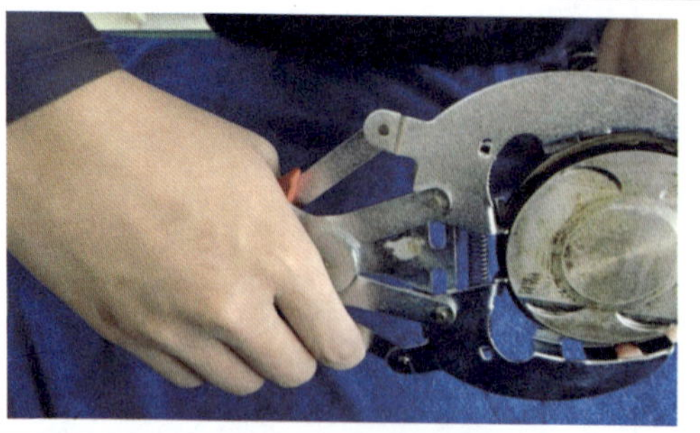	1. 用活塞环拆装钳拆下第一道气环。 提示： ◆ 正确使用活塞环拆装钳，防止活塞及活塞环损伤。
	2. 用活塞环拆装钳拆下第二道气环。
	3. 拆下油环的上刮片、下刮片和衬簧。 提示： ◆ 活塞环起密封、控油、导热、支撑的作用。
	4. 拆下活塞销。 （1）用尖嘴钳拆下活塞销卡环。 提示： ◆ 用专用工具拆下活塞销。

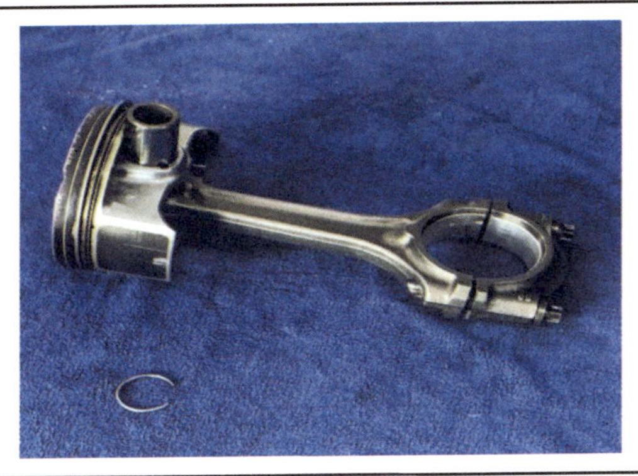

（2）取出活塞销。

任务5 曲轴飞轮组的拆卸

实训目标

1. 能说出发动机曲轴飞轮组的组成及各零部件的名称。
2. 能完成发动机曲轴飞轮组的拆卸。
3. 能说出拆卸发动机曲轴飞轮组的注意事项。

实训器材

1. 发动机拆装台架。
2. 发动机拆装专用工具、零件车、工具车、工作台、抹布、木棍。
3. 发动机教材、维修手册、发动机的相关图册若干。

技能训练

一、操作前准备

1. 将工位清理干净，准备好所需的工具、物品等。

2. 检查发动机拆装台架是否完好以及是否安全固定。

提示：

◆ 培养良好的工作习惯，做好工作前准备，有利于安全操作和提高工作效率。

二、拆卸飞轮

	1. 左图所示为飞轮。
	2. 单方向固定曲轴，防止拆卸飞轮螺栓时曲轴旋转。
	3. 拆下飞轮。 **提示：** ◆ 按对角顺序分 2~3 次拧下飞轮上的 6 个固定螺栓，取下飞轮。

三、拆卸曲轴正时带轮

1. 拆卸曲轴正时带轮固定螺栓。

（1）先用木棍固定曲轴左侧。

提示：

◆ 用木棍固定的主要目的是单方向固定曲轴，防止曲轴转动。

（2）拆下曲轴正时带轮固定螺栓。

2. 拆下曲轴正时带轮。

提示：

◆ 如果用手不能拆下正时带轮，可用两个旋具撬出。

◆ 用旋具撬出曲轴正时带轮时，必须垫上抹布，防止正时带轮损坏。

四、拆卸机油泵

1. 拆卸曲轴前油封端盖总成，拆下曲轴前端盖上的6个螺栓。

提示：

◆ 用橡胶锤轻轻敲击端盖，拆下前端盖。

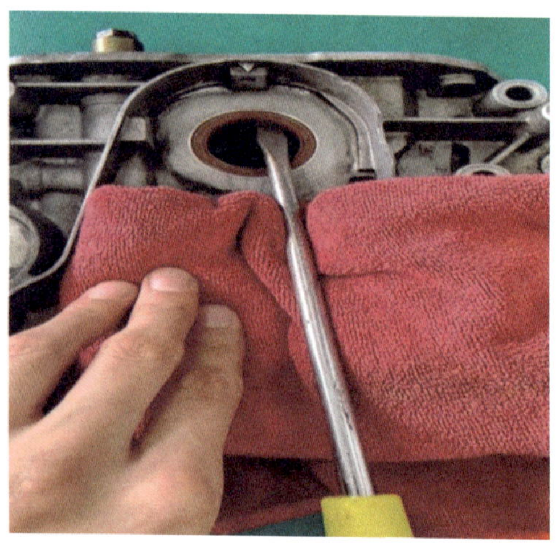

2. 拆下发动机前油封。

提示：

◆ 可使用旋具撬出前油封或用锤子敲出前油封。

◆ 油封不可重复使用。

3. 拆卸机油泵。

（1）拆下机油泵固定螺栓。

提示：

◆ 分2~3次拧松固定螺栓。

（2）取下机油泵。

提示：

◆ 将机油泵链条与机油泵一起取下。

五、拆卸曲轴

1. 拆下曲轴后油封凸缘。

按对角顺序分 2~3 次拧下曲轴后油封凸缘的 6 个固定螺栓，用橡胶锤轻击并取下曲轴后油封凸缘。

2. 拆下曲轴主轴承盖。

（1）拆下曲轴主轴承盖上的 10 个固定螺栓。

提示：

◆ 主轴承盖共有 5 道，每道有 2 个固定螺栓。

◆ 拆卸曲轴主轴承盖固定螺栓时，应先拧松两侧螺栓，再拧松中间螺栓，按顺序分 2~3 次拆下。

（2）依次取下各道主轴承盖。

提示：

◆ 观察主轴承盖顺序标记，若无应提前做好标记。

◆ 使用拆下的主轴承盖固定螺栓，前后撬动拆下主轴承盖。

◆ 必要时可用橡胶锤轻敲，辅助拆下。

（3）左图所示为带止推垫片的第三道主轴承盖，取出止推垫片（止推垫片仅第三道主轴承盖处有）。

提示：

◆ 止推垫片的作用主要是防止曲轴轴向移动。

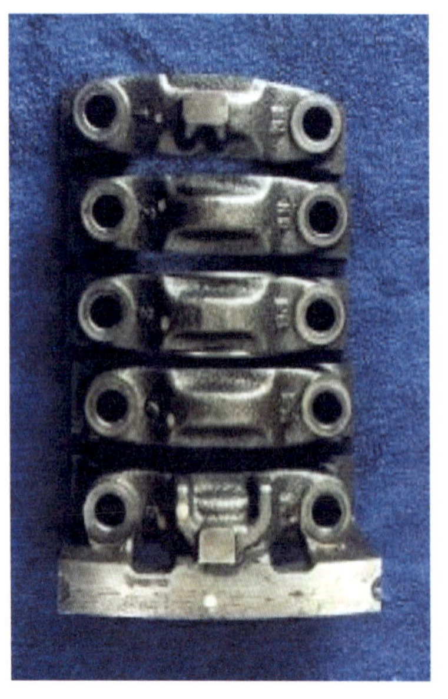

（4）把轴瓦和主轴承盖放在一起。

提示：

◆ 将拆卸下来的主轴承盖按顺序摆放在一起，在主轴承盖上做好标记，以防装错。

	3. 抬出曲轴。
	4. 取下曲轴轴瓦。 **提示：** ◆ 将拆卸下来的曲轴轴瓦按顺序摆放在一起，并做好安装标记。

模块二
零部件的清洗与检测

任务1 曲轴的清洗与检测

实训目标

1. 能正确清洗曲轴。

2. 能测量曲轴的主轴颈尺寸、连杆轴颈尺寸和曲轴弯曲度。

3. 能根据测量数据，提出正确的修理建议。

实训器材

1. 发动机曲轴。

2. 工具车、零件车、工作台、润滑油盆、软毛刷、千分尺、百分表及磁性表座、V形架、专用清洗剂、空气压缩机、气枪、细铜丝、棉纱。

3. 维修手册、发动机的相关图册若干。

技能训练

一、操作前准备

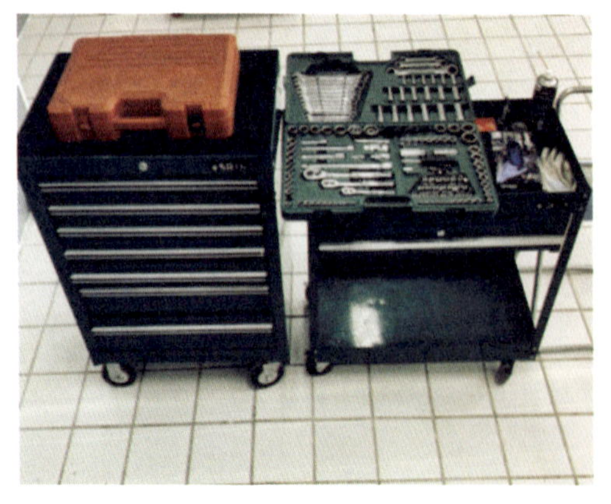

1. 将工位清理干净，准备好所需的工具、物品等。

2. 检查曲轴的磨损情况。

3. 检查曲轴测量平台的平整度，保证曲轴测量的精度要求。

提示：

◆ 培养良好的工作习惯，做好事前准备，有利于安全操作和提高工作效率。

二、清洗曲轴并吹干

1. 清洗曲轴。

将曲轴置于润滑油盆中清洗，使用软毛刷和专用清洗剂彻底清洗。

用细铜丝对曲轴油道进行疏通，清除油道杂质。

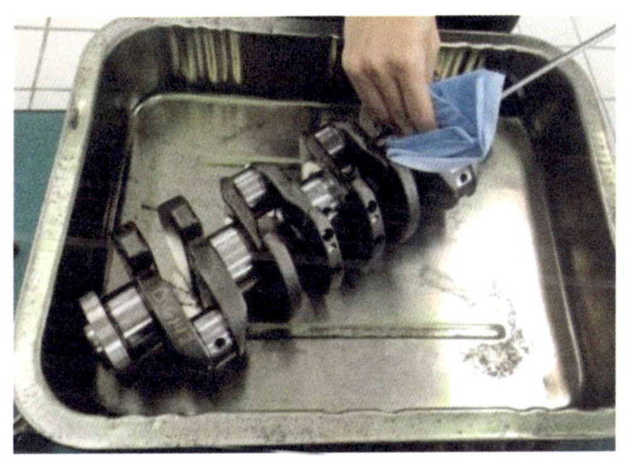

2. 吹干曲轴。

使用专用清洗剂和棉纱清洁曲轴各轴颈，去除油污和杂质，用空气压缩机吹干曲轴。

提示：

◆ 为避免飞溅，可用抹布遮挡。

三、曲轴主轴颈、连杆轴颈尺寸的检测

1. 测量曲轴主轴颈尺寸。

使用千分尺测量每个主轴颈尺寸。

提示：

◆ 在测量过程中要保持清洁，避免杂质和油污对测量结果的影响。

<table>
<tr>
<td>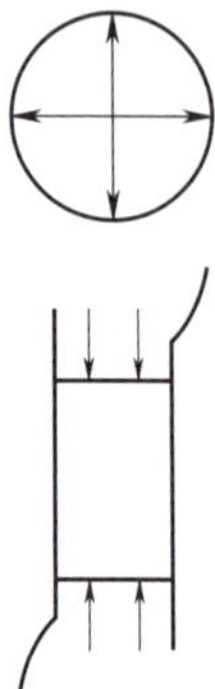</td>
<td>

2. 轴颈测量要求。

提示：

◆ 如左图所示，从2个截面测量轴颈，每个截面2个方位，共4个值。

◆ 要选择正确的测量位置和角度，确保测量数据的准确性和可靠性。

◆ 确定最大磨损量、圆度和圆柱度，根据这些参数确定修复情况。

</td>
</tr>
<tr>
<td></td>
<td>

3. 测量连杆轴颈尺寸（同主轴颈尺寸测量方法）。

提示：

◆ 如果磨损超出使用极限，应磨削或更换曲轴。

具体使用极限见下表。

</td>
</tr>
</table>

尺寸	主轴	连杆轴
标准尺寸	54.980 ~ 54.997 mm	42.971 ~ 42.987 mm
第一次缩小后尺寸	54.730 ~ 54.747 mm	42.721 ~ 42.737 mm
第二次缩小后尺寸	54.482 ~ 54.495 mm	42.471 ~ 42.487 mm

四、曲轴弯曲度的检测

1. 将曲轴放在V形架上，安装好磁性表座并将百分表调零。

调零的具体方法：先提起测量杆使测头与基准面接触，并使指针转过半圈至一圈，然后把表紧固（使表的指针预先转过半圈至一圈，其目的是既保证有一定的起始测力，又可以零位为基准读取正、负读数）。再把测量杆提起1~2 mm，然后轻轻放下，检查百分表显示值的稳定性，若显示值稳定就可转动表盘，使其零刻线与指针重合。重复上述方法检查零刻线与指针的重合度。如果指针与零刻线重合，说明调零已完成；若不重合，则反复进行调整直到重合为止。

提示：

◆ 测量时，百分表测头必须垂直于曲轴主轴颈。

2. 转动曲轴，观察百分表读数的变化。

观察百分表读数的变化，如果曲轴不平衡，在转动一圈的过程中，百分表的读数会出现周期性变化，变化的幅度和不平衡的程度成正比。如果曲轴存在磨损，会导致磨损位置的径向跳动量增大，从而使得百分表的读数在该位置出现明显的变化。

提示：

◆ 如果百分表读数变化超出0.06 mm，需更换曲轴。

任务2 活塞的清洗与检测

实训目标

1. 能正确清洗活塞。
2. 能测量活塞的直径、活塞环的侧隙和端隙。
3. 能根据测量数据，提出正确的修理建议。

实训器材

1. 发动机活塞、气缸体、发动机拆装台架。
2. 工具车、零件车、工作台、润滑油盆、软毛刷、铲刀、活塞环槽清洁工具、千分尺、塞尺、内径百分表、化油器清洗剂、抹布。
3. 维修手册、发动机的相关图册若干。

技能训练

一、操作前准备

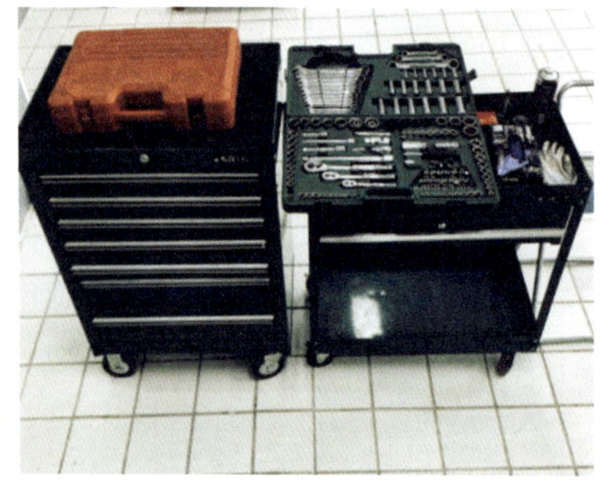

1. 将工位清理干净，准备好所需的工具、物品等。

2. 检查发动机拆装台架是否完好以及是否安全固定。

提示：

◆ 培养良好的工作习惯，做好事前准备，有利于安全操作和提高工作效率。

二、清洗活塞

	1. 使用铲刀从活塞顶面清除所有积炭。
	2. 使用活塞环槽清洁工具清洁活塞环槽。
	3. 使用化油器清洗剂和软毛刷彻底清洁活塞。 **提示：** ◆ 不要使用钢丝刷，以防损坏活塞。

三、测量活塞直径

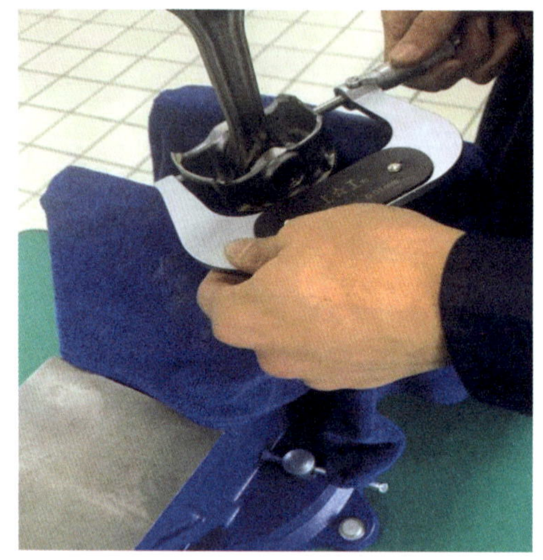

使用千分尺在与销孔轴线垂直的方向上且距离活塞顶 28.5 mm 处测量活塞头部的直径。

活塞间隙是用气缸直径减去活塞直径（横向测量气缸直径），标准活塞间隙为 0.75 ~ 0.095 mm，最大活塞间隙为 0.115 mm。

提示：

◆ 如果活塞间隙超过最大值，则需更换所有 4 个活塞，并重新镗削 4 个气缸。如有必要，则更换气缸体。

四、测量活塞环侧隙

使用塞尺测量活塞环与活塞环槽侧壁的间隙。

活塞环侧隙：第一道气环为 0.040 ~ 0.080 mm；第二道气环为 0.030 ~ 0.070 mm。

提示：

◆ 如果活塞环侧隙超过最大值，则需更换活塞。

五、测量活塞环端隙

1. 把活塞环放入气缸。

2. 使用活塞推入活塞环到距气缸体顶面距离为 97 mm 处。

3. 使用塞尺测量活塞环端隙。

活塞环标准端隙：第一道气环为 0.250 ~ 0.450 mm；第二道气环为 0.350 ~ 0.600 mm；油环为 0.150 ~ 0.500 mm。

活塞环的最大端隙：第一道气环为 1.05 mm；第二道气环为 1.20 mm；油环为 1.10 mm。

提示：

◆ 如果活塞环端隙超过最大值，则需更换活塞环。

◆ 如果使用新活塞环，端隙仍超过最大值，需镗削 4 个气缸后重新选配活塞及活塞环或更换气缸体。

任务3 气缸体的清洗与检测

实训目标

1. 能正确清洗气缸体。
2. 能测量气缸体的平面度、气缸直径。
3. 能根据测量出的数据，提出正确的修理建议。

实训器材

1. 发动机气缸体及缸盖、发动机拆装台架。

2. 工具车、零件车、工作台、润滑油盆、软毛刷、铲刀、刀口尺、塞尺、内径百分表、化油器清洗剂、空气压缩机、气枪、细铜丝、抹布。

3. 维修手册、发动机的相关图册若干。

技能训练

一、操作前准备

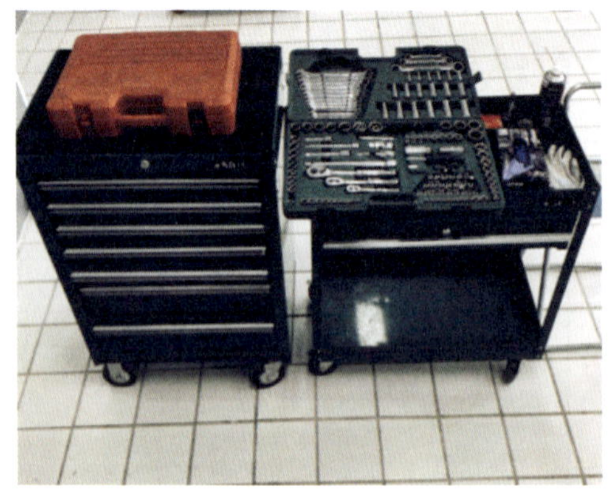

1. 将工位清理干净，准备好所需的工具、物品等。

2. 检查发动机拆装台架是否完好以及是否安全固定。

提示：

◆ 培养良好的工作习惯，做好事前准备，有利于安全操作和提高工作效率。

二、清洗气缸体

1. 用铲刀清除气缸体表面的密封胶、污垢。

提示：

◆ 用铲刀清理气缸体上平面时，注意不要损坏气缸体，否则会造成密封不良。

2. 清洁油路、冷却液路和气缸内的积炭。

提示：

◆ 用抹布清除气缸内的积炭，用细铜丝等清理油路、冷却液路等。

3. 使用软毛刷和化油器清洗剂彻底清洗气缸体。

提示：

◆ 清洗时，应将气缸体置于润滑油盆中。

4. 清洗后，用气枪吹净气缸体内外表面及油路、冷却液路。

提示：

◆ 为防止气流带动表面残液飞溅，应用抹布逆气流方向遮挡。

三、气缸体平面度的检测

使用刀口尺和塞尺，测量气缸体和气缸盖接触面的翘曲变形量（平面度）。

提示：

◆ 气缸体和气缸盖接触面的最大翘曲变形量为 0.05 mm，如果翘曲变形量超过最大值，则需更换气缸体。

四、气缸直径的检测

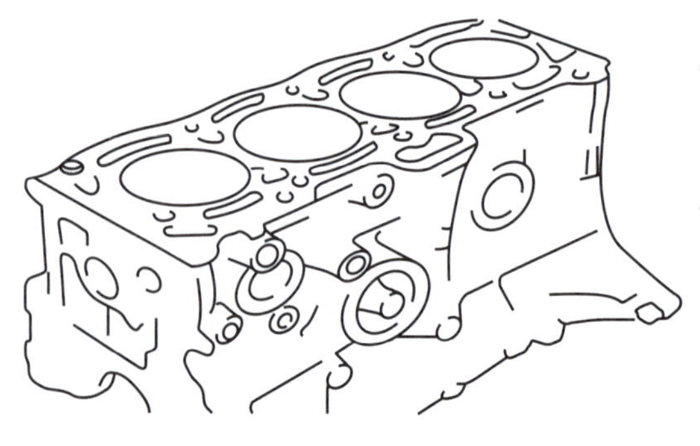

1. 检查气缸的垂直划痕。

提示：

◆ 如果存在深度划痕，需重新镗削所有气缸后再次测量。维修后如果未达到维修手册最低要求则必须更换气缸体。

2. 用内径百分表测量气缸直径。

在 *A*（上）、*B*（中）、*C*（下）位置横向和纵向测量气缸直径。

标准缸径为 81.01 mm，在 *A*、*B*、*C* 三个位置上进行横向和纵向测量，与标准尺寸的最大允许偏差为 0.08 mm。

根据测量数据，计算气缸磨损的圆度、圆柱度误差以及气缸的最大磨损量，将测量数据与维修手册比对，确定维修方案。

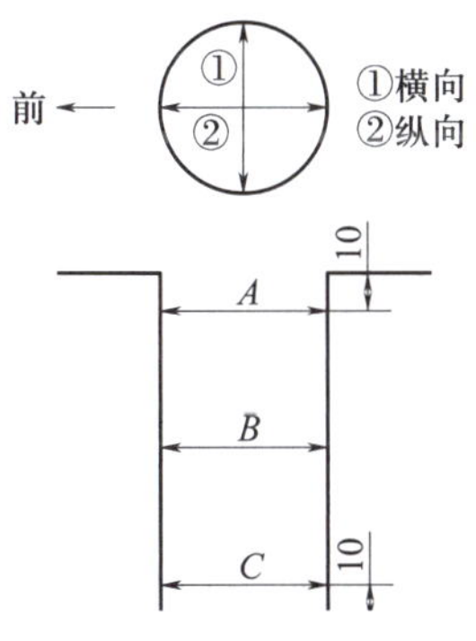

提示：

◆ 如果缸径偏差超过最大值，需重新镗削所有气缸。维修后如果未达到维修手册最低要求则必须更换气缸体。

◆ 镗削气缸后，应重新选配活塞及活塞环。

任务4 传感器与执行器的检测

实训目标

1. 能说出各传感器和执行器的作用。
2. 能对各传感器和执行器进行检测。
3. 能根据测量数据，正确判断各传感器和执行器的性能。

实训器材

1. 发动机各传感器和执行器。

2. 数字万用表、插头端子延长线、发动机拆装专用工具、零件车、工具车、工作台、抹布。

3. 维修手册、发动机的相关图册若干。

技能训练

一、操作前准备

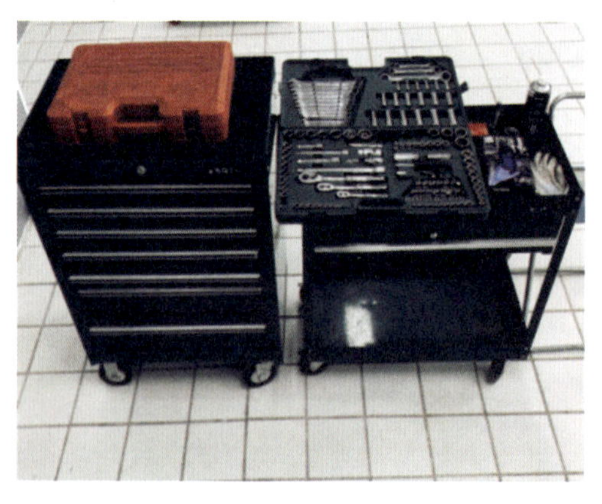

1. 将工位清理干净，准备好所需的工具、物品等。

2. 准备各待检传感器，明确传感器的安装位置。

提示：

◆ 培养良好的工作习惯，做好事前准备，有利于安全操作和提高工作效率。

二、冷却液温度传感器的检测

1. 准备冷却液温度传感器。

提示：

◆ 冷却液温度传感器内部是两个半导体热敏电阻。热敏电阻的阻值随温度的升高而降低，呈指数关系。

◆ 冷却液温度传感器的作用是检测发动机冷却液温度，向ECU输入温度信号，作为燃油喷射和点火正时的修正信号，同时也是其他控制系统的控制信号。

2. 检查数字万用表，确保其状态良好。

将数字万用表调至电阻挡，量程选择 200 Ω。

3. 测量冷却液温度传感器插头 1# 与 2# 针脚间的电阻。

三、进气温度传感器的检测

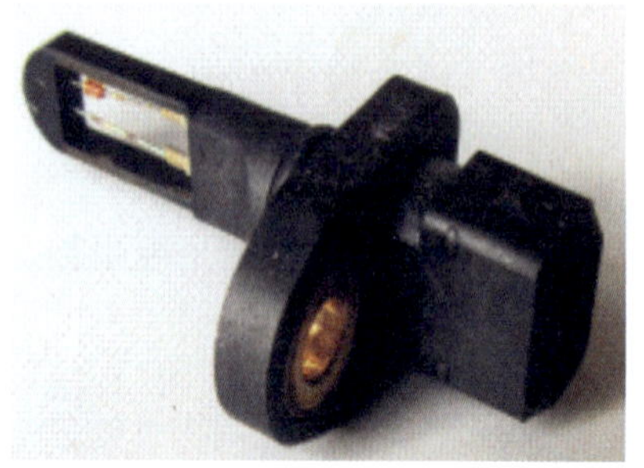

1. 准备进气温度传感器。

提示：

◆ 进气温度传感器内部是一个具有负温度系数的热敏电阻，外部均被环氧树脂密封。热敏电阻的阻值随空气温度的升高而降低，呈指数关系。

◆ 进气温度传感器的作用是检测进气温度，向ECU输入进气温度信号，作为燃油喷射和点火正时的修正信号。

2. 检查数字万用表，确保其状态良好。

将数字万用表调至电阻挡，量程选择20 kΩ。

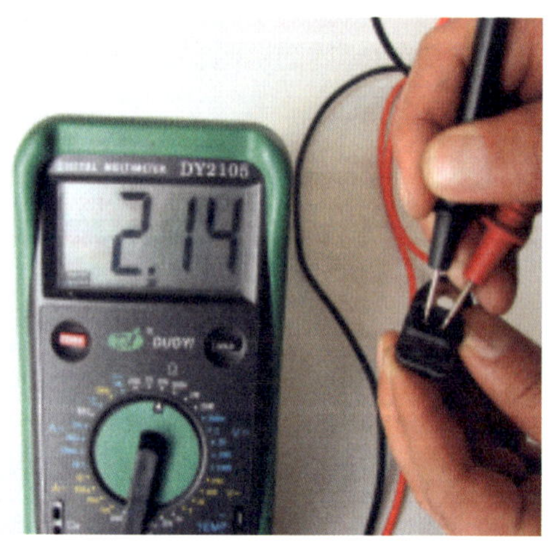

3. 测量进气温度传感器插头1#与2#针脚间的电阻。

提示：

◆ 该信号通入ECU。

进气温度与其电阻值的对应关系见下表。

进气温度 /℃	电阻值 /Ω
20	2 250 ~ 3 000
40	950 ~ 1 400
60	540 ~ 675
80	275 ~ 375
100	150 ~ 225

四、氧传感器的检测

1. 准备氧传感器。

提示：

氧传感器可检测空燃比与排气中的氧浓度，在发动机内进行理论空燃比（14.7 : 1）燃烧的监控，并向 ECU 反馈信号。

2. 检查数字万用表，确保其状态良好。

将数字万用表调至电阻挡，量程选择 200 Ω。

3. 测量氧传感器插头 1# 与 2# 针脚间的电阻。

提示:

◆ 该数值为氧传感器加热电阻的阻值。

五、曲轴位置传感器的检测

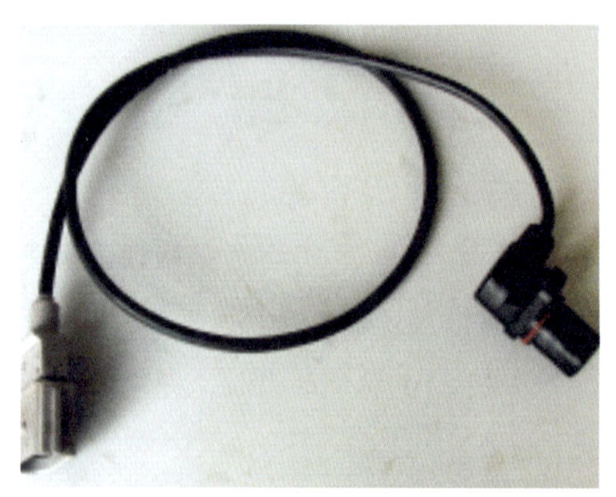

1. 准备曲轴位置传感器。

提示:

曲轴位置传感器用于检测活塞上止点信号和曲轴转角信号，是控制点火时刻、确认曲轴位置的信号源。

2. 检查数字万用表，确保其状态良好。

将数字万用表调至电阻挡，量程选择 2 kΩ。

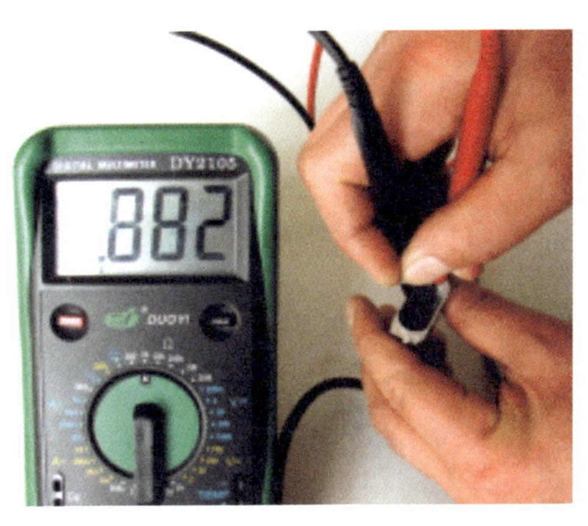

3. 测量曲轴位置传感器插头 2# 与 3# 针脚间的电阻。

1# 是曲轴位置传感器的屏蔽线。

2# 与 3# 针脚间电阻的标准值为 480 ~ 1 000 Ω。

提示：

◆ 该数值为曲轴位置传感器的线圈电阻。

六、节气门位置传感器的检测

1. 准备节气门位置传感器。

提示：

节气门位置传感器提供给 ECU 关节气门位置的电压信号，通过节气门位置传感器，ECU 可获得节气门开度以及节气门开闭的速度等信息。

2. 检查数字万用表，确保其状态良好。

将数字万用表调至电阻挡，量程选择 200 Ω。

3. 用插头端子延长线将待测端子引出。

提示：

◆ 因节气门位置传感器插头针脚较多（共 7 个针脚）又较小，需用插头端子延长线将待测端子引出。

4. 测量 3# 与 7# 针脚间的电阻（节气门全关）。

提示：

◆ 该测量值为怠速开关的电阻。

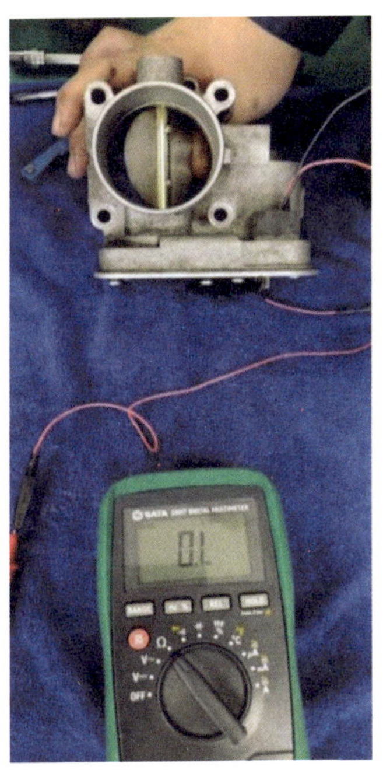

5. 测量 3# 与 7# 针脚间的电阻（节气门打开）。

提示：

◆ 节气门打开时电阻值应无穷大。

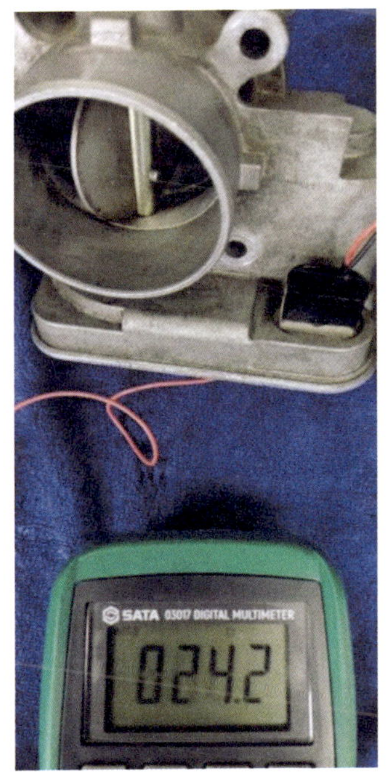

6. 测量 1# 与 2# 针脚间的电阻。

提示：

◆ 该测量值为怠速电动机的电阻。

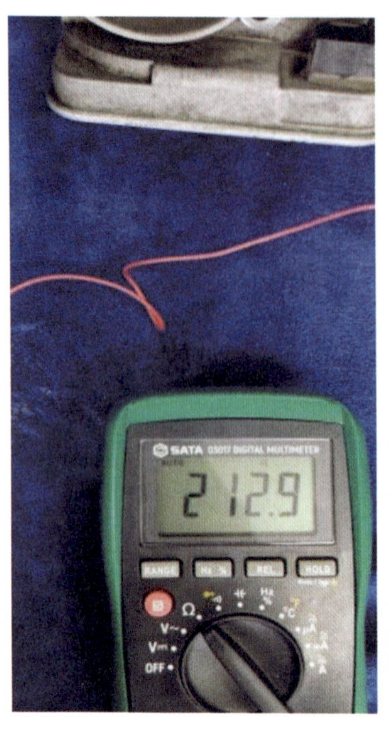

7. 测量5#与7#针脚间的电阻（节气门全关）。

提示：

◆ 该测量值为节气门电位计的电阻。

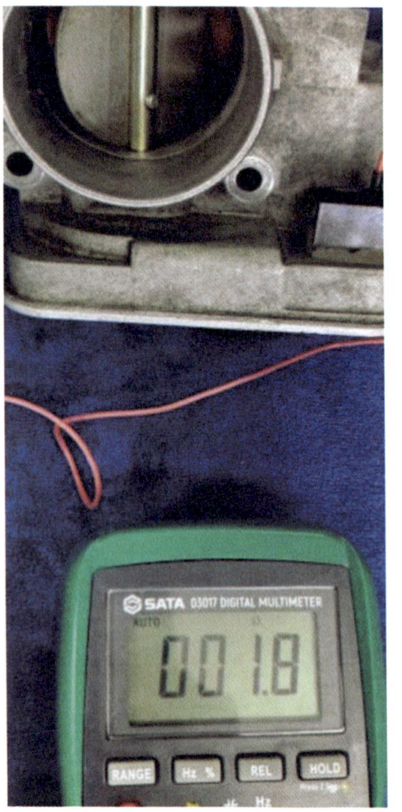

8. 一边打开节气门，一边观察电阻值的变化。

提示：

◆ 随着节气门开度的增大，其电阻值应该逐渐变小。

七、活性炭罐电磁阀的检测

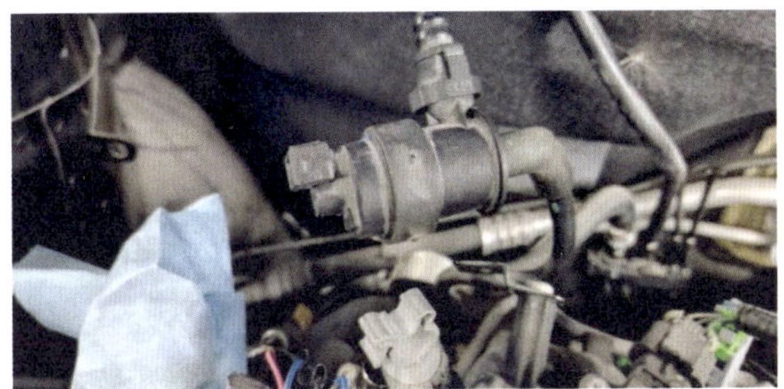

1. 准备活性炭罐电磁阀。

提示：

活性炭罐电磁阀的作用是接受 ECU 的指令，根据发动机工况控制燃油蒸发系统。

2. 检查数字万用表，确保其状态良好。

将数字万用表调至电阻挡，量程选择 200 Ω。

3. 测量活性炭罐电磁阀插头两个端子之间的电阻。

提示：

◆ 活性炭罐电磁阀为执行器，受 ECU 控制，其标准电阻值为 20～50 Ω。

八、喷油器的检测

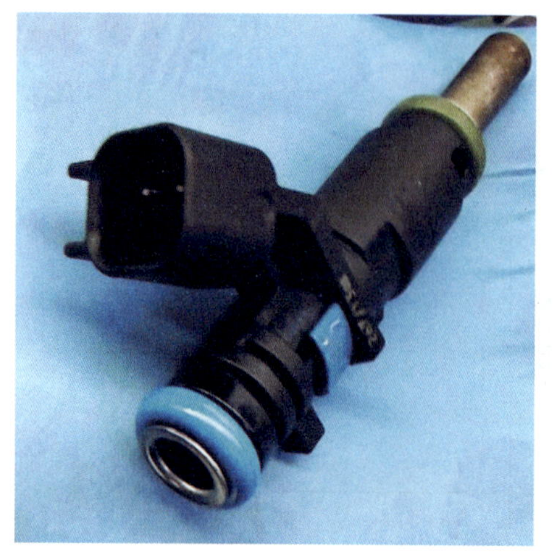	1. 准备喷油器。 **提示：** 喷油器的作用是根据 ECU 发出的喷油脉冲信号，将计量精确的燃油喷入节气门附近的进气歧管中，以供发动机燃烧。
	2. 检查数字万用表，确保其状态良好。 将数字万用表调至电阻挡，量程选择 200 Ω。
	3. 测量喷油器插头两个端子之间的电阻。 **提示：** ◆ 喷油器为执行器，受 ECU 控制。 ◆ 标准电阻值为 12~15 Ω。

模块三
零部件的更换

任务1 节温器的更换

实训目标

1. 能说出节温器的作用。
2. 能说出节温器损坏后的故障现象。
3. 能完成节温器的更换。
4. 能说出更换节温器的注意事项。

实训器材

1. 实训整车。
2. 发动机拆装专用工具、零件车、工具车、工作台、冷却液盆、节温器、冷却水管卡箍、抹布。
3. 维修手册、发动机的相关图册若干。

技能训练

一、操作前准备

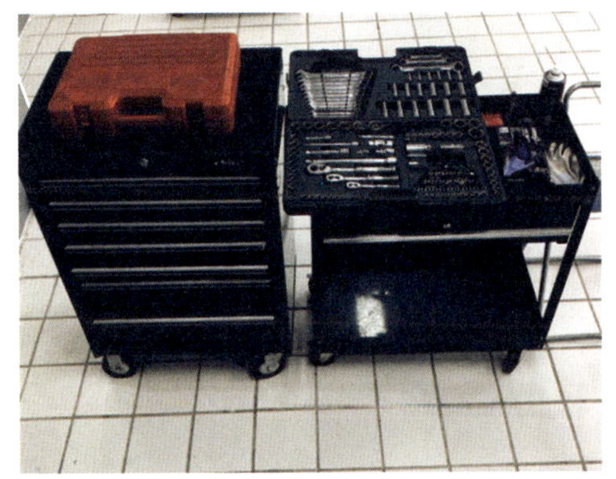	将工位清理干净，准备好所需的工具、物品等。 提示: ◆ 培养良好的工作习惯和团队协作精神，做好事前准备工作，有利于安全操作和提高工作效率。

二、排放冷却液

1. 将散热器下水管的卡箍松开，拉开水管，让冷却液流入冷却液盆中。

提示：

◆ 保证冷却液的清洁，以便回收使用。

◆ 待冷却液冷却后方可进行本步骤操作，以防烫伤。

2. 打开储液罐盖。

提示：

◆ 在排放冷却液的同时需将储液罐盖打开，以便冷却液能及时流尽。

三、拆卸节温器

1. 拆卸节温器水管。

2. 断开节温器连接器。

3. 拆卸节温器固定螺栓。

4. 取下节温器。

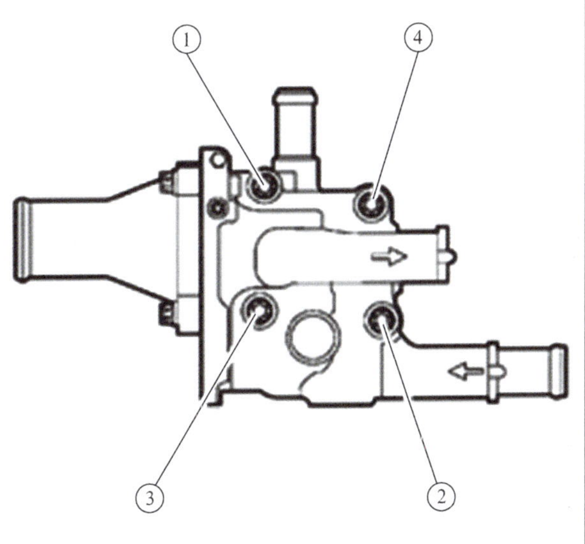

5. 更换节温器后，按与拆卸步骤相反的顺序安装其他部件。

提示：

◆ 按如左图所示顺序拧紧节温器固定螺栓，拧紧力矩为 8 N · m。

◆ 发动机运行前，必须检查冷却液液面高度。

◆ 发动机运行 10 min 后，检查节温器盖和水管的安装部位是否泄漏冷却液。

任务2 气缸垫的更换

实训目标

1. 能说出气缸垫损坏后的故障现象。
2. 能完成气缸垫的更换。
3. 能说出更换气缸垫的注意事项。

实训器材

1. 实训整车、发动机拆装台架。
2. 发动机拆装专用工具、零件车、工具车、工作台、正时工具、气缸垫、抹布。
3. 维修手册、发动机的相关图册若干。

技能训练

一、操作前准备

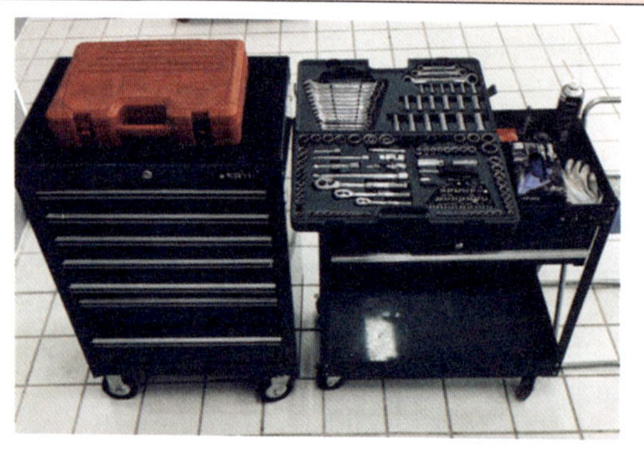

将工位清理干净，准备好所需的工具、物品等。

提示：

◆ 培养良好的工作习惯和团队协作精神，做好事前准备工作，有利于安全操作和提高工作效率。

二、拆卸外围部件

1. 拆卸燃油导管。

	2. 拆卸进气歧管。
	3. 拆卸排气管。
	4. 拆卸冷却水管。

三、拆卸气缸垫

	1. 拆卸气门室罩盖。

2. 拆卸正时带。

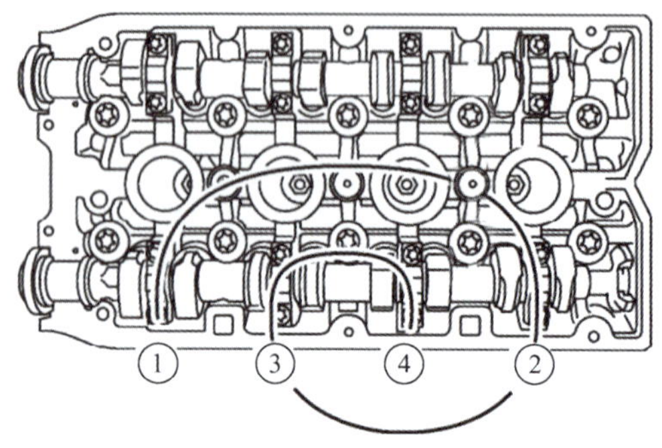

3. 按照左图所示顺序拆卸凸轮轴固定螺栓，取下凸轮轴。

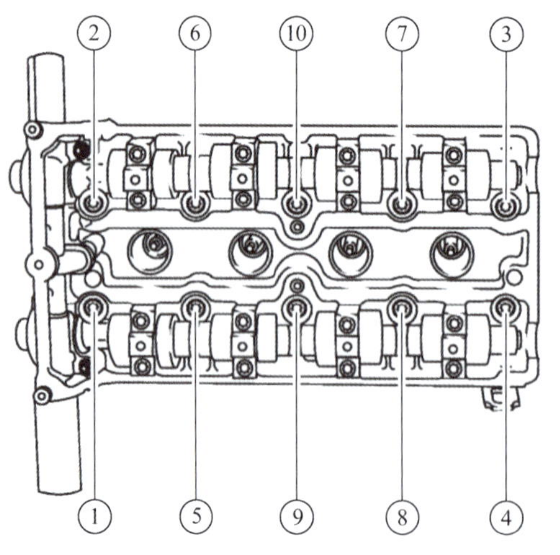

4. 按左图所示顺序拆卸气缸盖固定螺栓。

5. 取下气缸盖。

6. 更换气缸垫。

7. 更换新的气缸垫后，按与拆卸步骤相反的顺序安装其他部件。

提示：

◆ 按与拆卸相反的顺序拧紧气缸盖固定螺栓，分 5 次拧紧，第一次拧紧力矩为 25 N・m，第二次旋转 90°，第三次旋转 90°，第四次旋转 90°，第五次旋转 45°。

◆ 安放气缸盖时，动作一定要轻，并保证气缸盖下平面清洁。

◆ 安装凸轮轴盖时的力矩为 8N・m。

◆ 拧紧气门室罩盖压条固定螺母时，按由内向外的顺序，力矩为 8N・m。

◆ 安装正时带前，必须仔细检查正时标记，转动曲轴两周后再次检查正时标记。

◆ 发动机启动前必须检查润滑油、冷却液的液位。

◆ 发动机运行 10 min 后，检查发动机是否有漏油等现象。

任务3 喷油器的更换

实训目标

1. 能说出喷油器损坏后的故障现象。

2. 能完成喷油器的更换。

3. 能说出更换喷油器的注意事项。

实训器材

1. 实训整车。

2. 发动机拆装专用工具、零件车、工具车、工作台、喷油器固定卡子、润滑油、O 形密封圈、喷油器、抹布。

3. 维修手册、发动机的相关图册若干。

技能训练

一、操作前准备

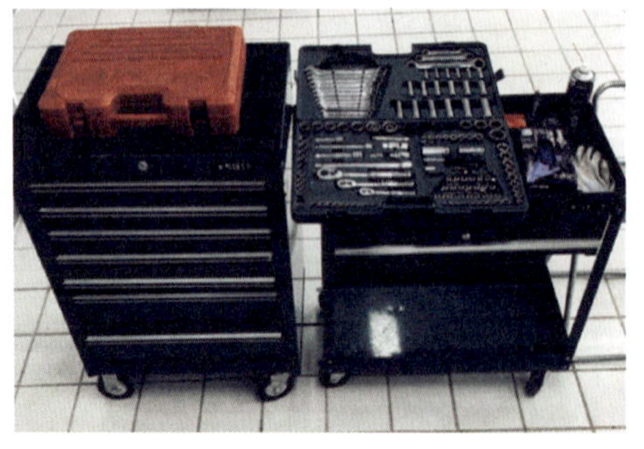

将工位清理干净，准备好所需的工具、物品等。

提示：

◆ 培养良好的工作习惯和团队协作精神，做好事前准备工作，有利于安全操作和提高工作效率。

二、燃油系统卸压

1. 关闭点火开关。

2. 取下燃油泵熔丝，启动发动机，待发动机熄火。

三、拆卸燃油导轨

1. 拆卸喷油器连接器。

2. 拆卸燃油导轨连接器。

	2. 拆卸燃油导轨连接器。
	3. 分离燃油导轨。 **提示：** ◆ 将取下的喷油器连接器用抹布包裹，防止燃油流到进气管表面。
	4. 拆卸燃油导轨固定螺栓。
	5. 拆卸燃油导轨搭铁线固定螺栓。

	6. 分离燃油导轨和喷油器。

四、拆卸喷油器

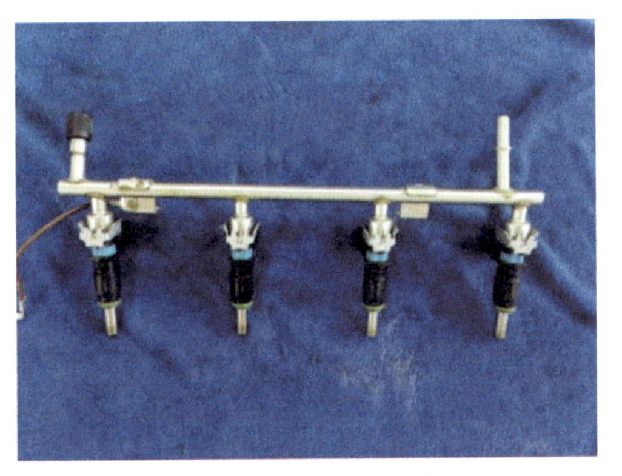	1. 将燃油导轨和喷油器放在工作台上，用抹布垫在下面。
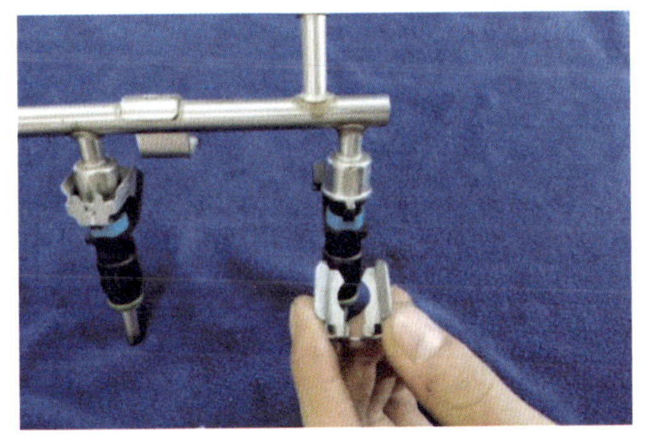	2. 分离喷油器的卡销。
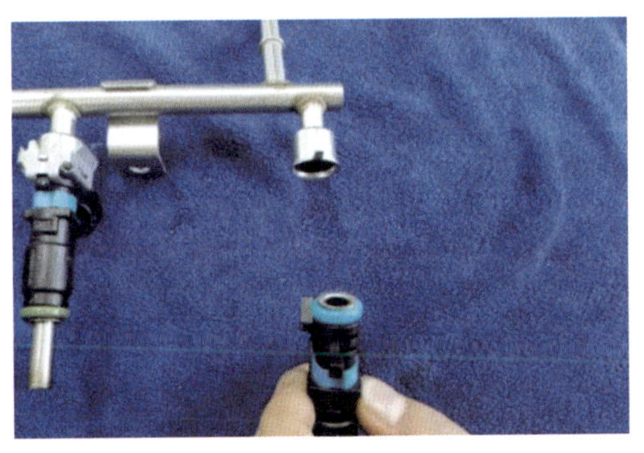	3. 分离喷油器。

五、更换喷油器

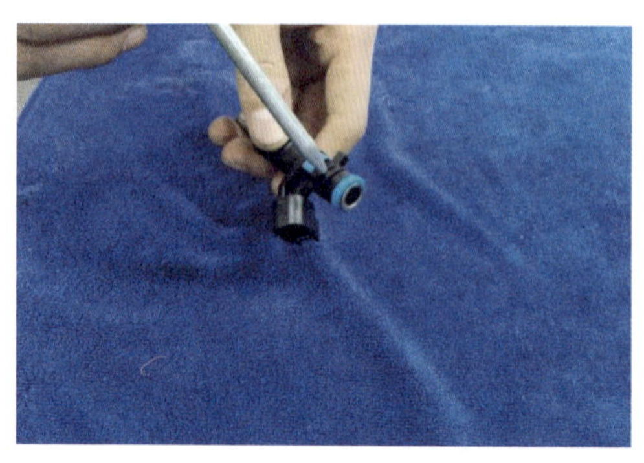	1. 润滑待更换喷油器的O形密封圈。 **提示：** ◆ 喷油器两端各有一个O形密封圈。 ◆ 在O形密封圈上涂抹润滑油是为了防止安装喷油器时损坏密封圈。
	2. 将更换的喷油器安装到燃油分配管上。 **提示：** ◆ 将喷油器对正后，安装到位。
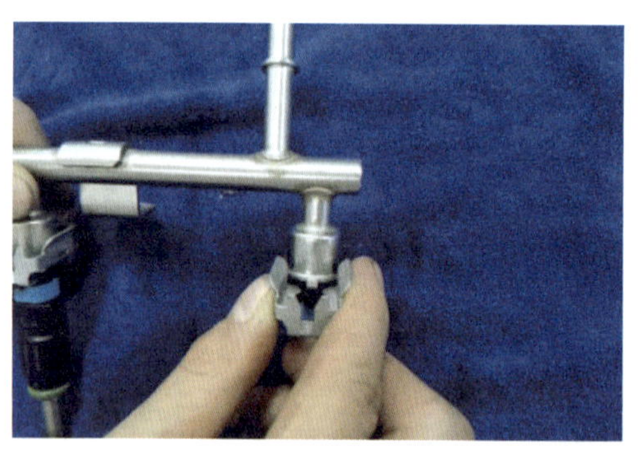	3. 用喷油器固定卡子将喷油器固定。

更换喷油器后，按与拆卸步骤相反的顺序安装其他部件。

提示：

◆ 喷油器导轨固定螺栓的拧紧力矩为8 N · m。

◆ 启动发动机前，必须检查油管连接牢固。

◆ 打开点火开关，检查喷油器与燃油分配管连接处有无漏油。

任务4 传感器的更换

实训目标

1. 能说出冷却液温度传感器、节气门体、空气流量计、氧传感器、爆震传感器损坏后的故障现象。

2. 能完成冷却液温度传感器、节气门体、空气流量计、氧传感器、爆震传感器的更换。

3. 能说出更换冷却液温度传感器、节气门体、空气流量计、氧传感器、爆震传感器的注意事项。

实训器材

1. 实训整车。

2. 发动机拆装专用工具、零件车、工具车、工作台、故障诊断仪、冷却液温度传感器、节气门体、氧传感器、爆震传感器、空气流量计、润滑油、冷却液盆、抹布。

3. 维修手册、发动机的相关图册若干。

技能训练

一、操作前准备

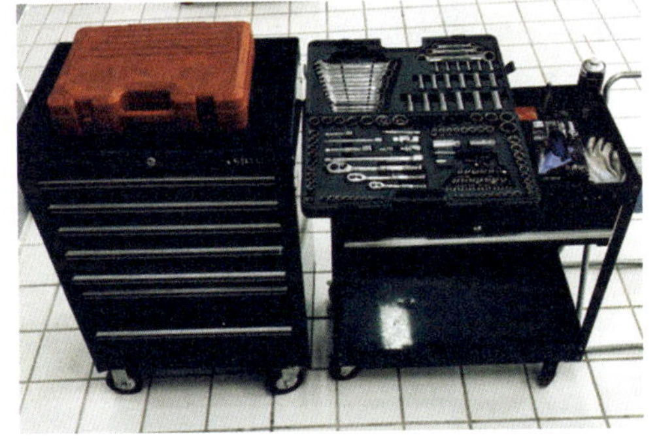

将工位清理干净，准备好关的工具、物品等。

提示：

◆ 培养良好的工作习惯和团队协作精神；做好事前准备工作，有利于安全操作和提高工作效率。

二、更换冷却液温度传感器

	1. 关闭点火开关，拆卸蓄电池负极。
	2. 拆卸水箱下水管，将发动机冷却液排净。
	3. 拔下冷却液温度传感器插头。
	4. 拆卸冷却液温度传感器卡销。

	5. 取下冷却液温度传感器。

更换冷却液温度传感器后，按与拆卸步骤相反的顺序安装其他部件。

提示：

◆ 启动发动机前，必须检查冷却液液面高度。

◆ 运行发动机 10 min 后，检查冷却液温度传感器安装部位是否泄漏冷却液。

三、更换节气门体

	1. 关闭点火开关，断开蓄电池负极。
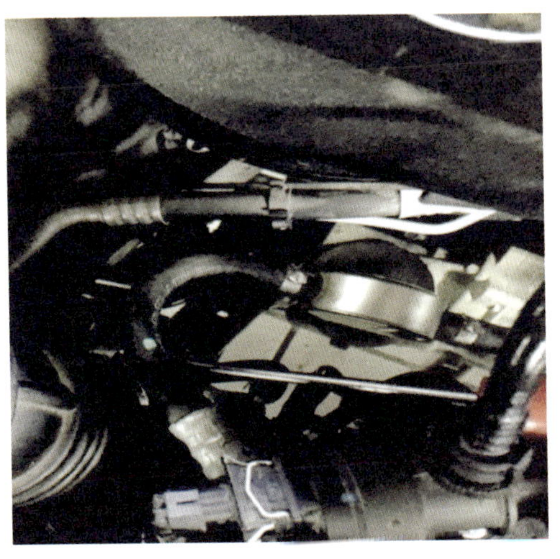	2. 拆卸进气软管固定卡销。

	3. 拆卸空气滤清器总成。
	4. 断开节气门真空管和加热水管。 提示： ◆ 节气门体上共有 2 根加热水管和 1 根真空管。
	5. 断开节气门连接器。
	6. 拆卸节气门体固定螺栓。 提示： ◆ 节气门体上共有 4 个固定螺栓。 ◆ 拆卸节气门体固定螺栓时，应按对角顺序分 2～3 次拆卸。

	7. 取下节气门体。

更换节气门体后，按与拆卸步骤相反的顺序安装其他部件。

提示：

- 安装节气门体固定螺栓时，应按对角顺序分 2～3 次拧紧，拧紧力矩为 8 N·m。
- 启动发动机前，必须检查冷却液液面高度。
- 发动机运行前，需用故障诊断仪对新的节气门体进行匹配。
- 发动机运行 10 min 后，检查节气门体加热水管及其安装部位处是否泄漏冷却液。

四、更换氧传感器

	1. 关闭点火开关，断开蓄电池负极。
	2. 拔下氧传感器连接器。

	3. 拆卸氧传感器。 提示： ◆ 待排气管冷却后再拆卸，以防烫伤。
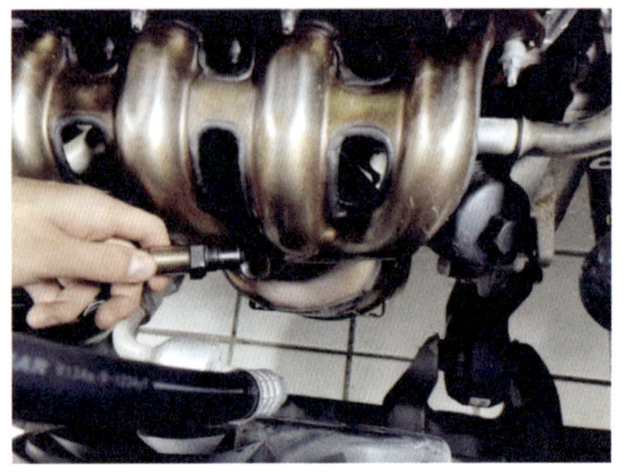	4. 取下氧传感器。 提示： ◆ 观察氧传感器的顶尖，淡灰色顶尖是氧传感器的正常颜色；白色顶尖是由硅污染造成的；棕色顶尖是由铅污染造成的；黑色顶尖是由积炭造成的。

更换氧传感器后，按与拆卸步骤相反的顺序安装其他部件。

提示：

◆ 氧传感器用螺栓固定在排气管上，螺栓的拧紧力矩为 42 N·m。

五、更换爆震传感器

	1. 关闭点火开关，拆卸蓄电池负极。

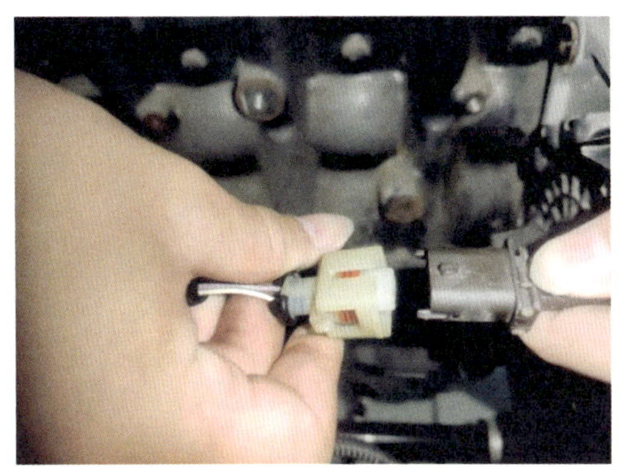	2. 拔下爆震传感器连接器。
	3. 拆卸爆震传感器固定螺栓。 提示: ◆ 爆震传感器安装在发动机进气歧管侧缸体上。 ◆ 待发动机冷却后再拆卸，以防烫伤。

更换爆震传感器后，按与拆卸步骤相反的顺序安装其他部件。

提示:

◆ 爆震传感器固定螺栓的拧紧力矩为 20 N·m。

◆ 若不按规定力矩拧紧爆震传感器，将导致其不能正常工作。

六、更换空气流量计

	1. 关闭点火开关。

	2. 拔下空气流量计插头。
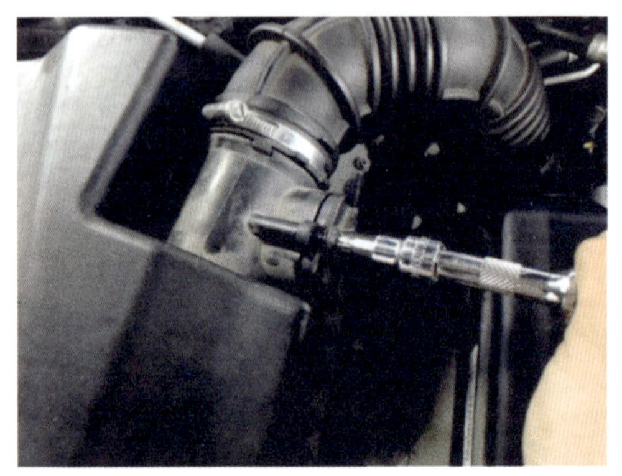	3. 拆卸空气流量计固定螺栓。
	4. 取下空气流量计。

更换空气流量计后，按与拆卸步骤相反的顺序安装其他部件。

提示：

◆ 空气流量计固定螺栓的拧紧力矩为 10 N · m。

模块四
发动机的装配与调试

任务1　曲轴飞轮组的安装

实训目标

1. 能说出曲轴飞轮组的安装步骤。
2. 能按照技术要求安装曲轴飞轮组。
3. 能说出安装曲轴飞轮组的注意事项。

实训器材

1. 发动机拆装台架。
2. 发动机拆装专用工具、工具车、零件车、工作台、润滑油、抹布等。
3. 发动机拆装与维修实训教材、维修手册、发动机的相关图册若干。

技能训练

一、操作前准备

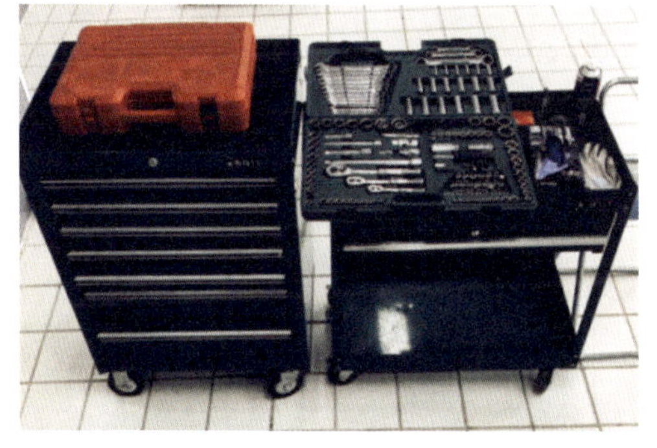

1. 将工位清理干净，准备好所需的工具、物品等。

2. 检查发动机拆装台架是否完好以及是否安全固定。

3. 如果是第一次安装，需要对照零件的拆卸顺序进行安装，以保证装配时不出错。

提示：

◆ 培养良好的工作习惯，做好事前准备，有利于安全操作和提高工作效率。

二、安装曲轴

	1. 安装曲轴轴瓦。 提示： ◆ 上、下轴瓦的区别是上轴瓦有一个油槽和油孔，而下轴瓦没有。
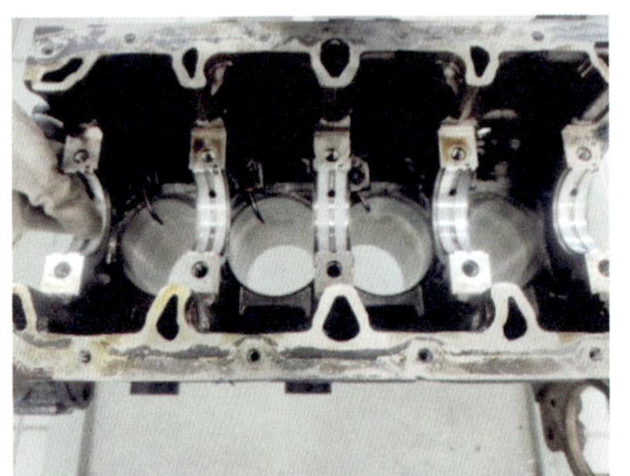	2. 将清洁好的气缸体翻转至下平面朝上，依次装上 5 个上轴瓦。 提示： ◆ 安装到位的轴瓦端面应略高于轴承座端面。
	3. 在上轴瓦与曲轴摩擦表面间涂抹一层润滑油。
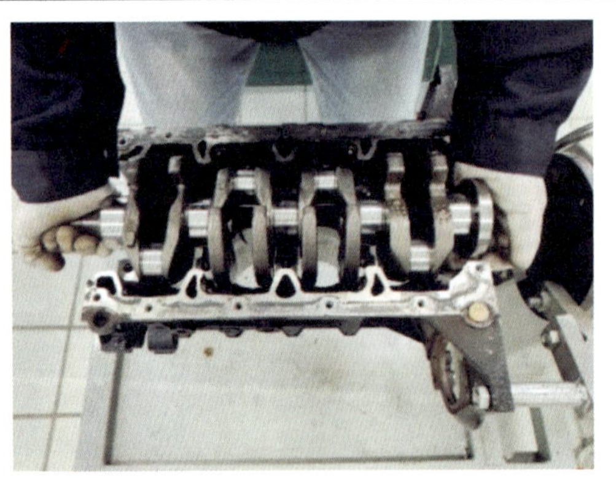	4. 将曲轴放置在气缸体上。 提示： ◆ 安放曲轴时，注意曲轴的前后方向，动作要轻。

	5. 将下轴瓦装至主轴承盖中。
	6. 安装曲轴主轴承盖。 （1）安装曲轴止推垫片。 提示： ◆ 在第三道主轴承盖上安装 2 个止推垫片，带油槽的一面朝外。
	（2）在第三道下轴瓦上涂抹一层润滑油，对正主轴颈将其安装到位。
	（3）依次安装曲轴主轴承盖。 提示： ◆ 安装时，应注意主轴承盖的顺序和方向不能互换。 ◆ 每个主轴承盖都有代号和向前标记。 ◆ 安装前，需在下轴瓦上涂抹一层润滑油。

7. 按顺序分 3 次均匀拧紧 10 个主轴承盖螺栓。

提示：

◆ 在主轴承盖螺栓的螺纹和螺栓头部下面涂抹少量润滑油。

◆ 分 3 遍拧紧，第一遍紧固至 50 N·m，第二遍紧固至 45°，第三遍紧固至 15°。

◆ 操作时应及时检查曲轴转动是否灵活。

三、安装飞轮

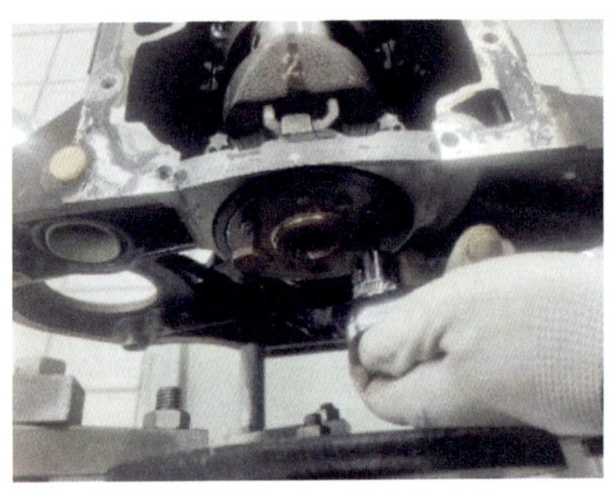

1. 安装发动机后油封端盖，并拧紧其上的 6 个固定螺栓。

提示：

◆ 固定螺栓的拧紧力矩为 10 N·m。

2. 安装飞轮。

提示：

◆ 安装飞轮时应正对定位孔，否则无法安装。

◆ 分 2~3 次按对角顺序拧紧 6 个飞轮螺栓，拧紧力矩为 75 N·m。

任务2 活塞连杆机构的安装

实训目标

1. 能说出活塞连杆机构的安装步骤。
2. 能按照技术要求安装活塞连杆机构。
3. 能说出安装活塞连杆机构的注意事项。

实训器材

1. 发动机拆装台架。

2. 发动机拆装专用工具、工具车、零件车、工作台、活塞环扩张器、活塞环收紧器、密封胶、润滑油、抹布等。

3. 发动机拆装与维修实训教材、维修手册、发动机的相关图册若干。

技能训练

一、操作前准备

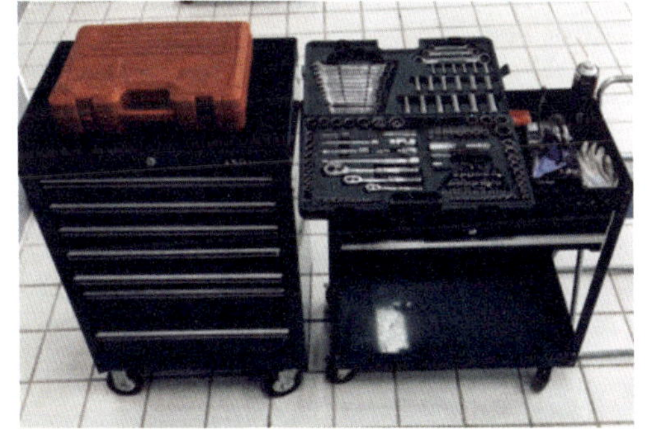

1. 将工位清理干净，准备好所需的工具、物品等。

2. 检查发动机拆装台架是否完好以及是否安全固定。

3. 如果是第一次安装，需要对照零件的拆卸顺序进行安装，以保证装配时不出错。

提示:

◆ 培养良好的工作习惯，做好事前准备，有利于安全操作和提高工作效率。

二、安装活塞环

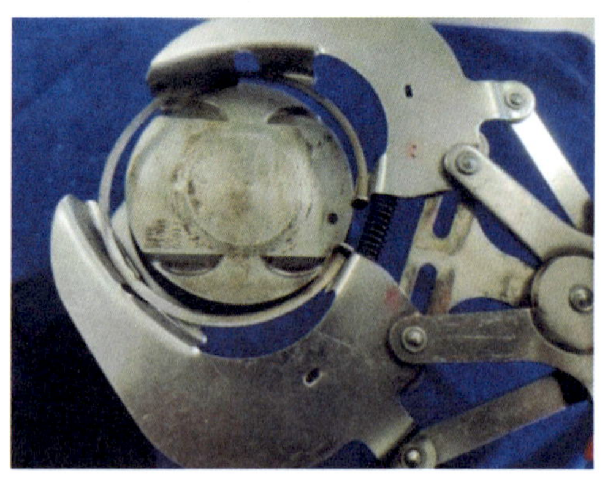

1. 用手安装油环弹簧和 2 个油环。

2. 使用活塞环扩张器，安装 2 个气环。

提示：

◆ 气环的标记朝上。

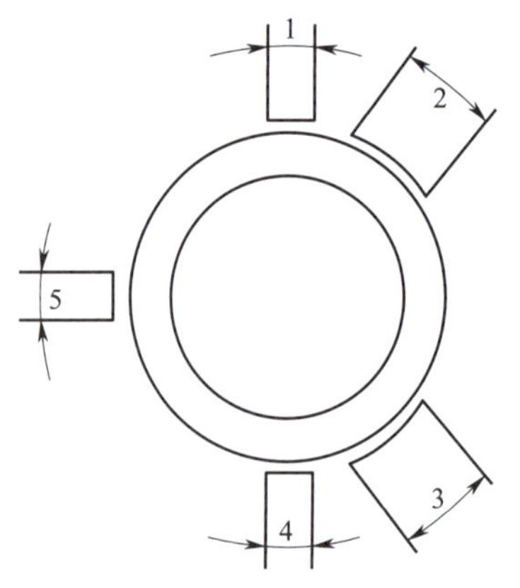

3. 按左图所示布置活塞环开口位置。

活塞环的开口应相互错开，第一个活塞环（右侧环）在位置 1 中，第二个活塞环（精密环）在位置 2 中，油环刮片的过渡环在位置 3 中，油环刮片的钢环在位置 4 或 5 中。

提示：

◆ 活塞环开口如果不按要求错开，可能导致发动机气缸漏气、活塞压缩无力、功率下降、油耗增加、启动困难等故障。

三、安装连杆组

1. 安装连杆轴瓦。

对准轴瓦凸起和连杆或连杆盖的凹槽，将连杆轴瓦安装到连杆和连杆盖中。

提示：

◆ 安装前，需在连杆轴瓦上涂抹一层润滑油。

<table>
<tr><td></td><td>2. 将1缸连杆轴径摇至下止点位置。</td></tr>
<tr><td></td><td>3. 使用活塞环收紧器，将1缸活塞和连杆总成推入。
提示：
◆ 活塞的朝前标记向前。</td></tr>
<tr><td></td><td>4. 用橡胶锤将活塞轻轻敲入气缸内。</td></tr>
<tr><td></td><td>5. 把连杆轴承盖装在连杆上。
提示：
◆ 连杆轴承盖和连杆的号码要匹配。
◆ 安装连杆轴承盖时朝前标记向前。</td></tr>
</table>

<table>
<tr><td></td><td>6. 分 2 ~ 3 次交替拧紧连杆轴承盖固定螺母。
提示：
◆ 在连杆轴承盖螺母下方涂少量润滑油，润滑螺纹和接触表面。
◆ 螺栓拧紧力矩为 30 N · m。
◆ 安装完毕，检查连杆止推间隙以及曲轴转动是否灵活。</td></tr>
<tr><td>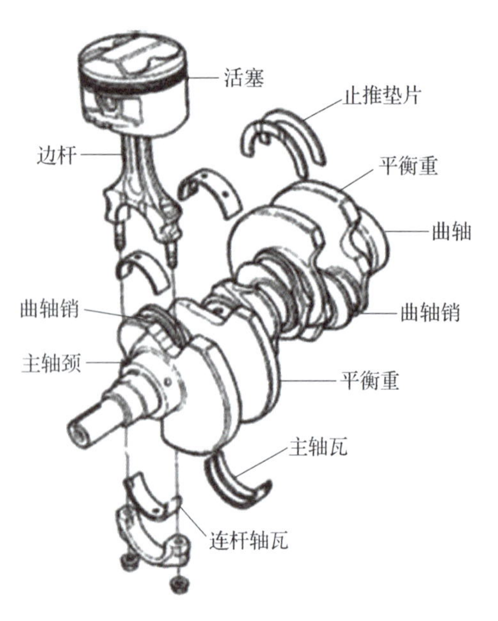</td><td>7. 活塞连杆机构的结构如左图所示。</td></tr>
<tr><td></td><td>8. 按同样方法，依次安装其他各缸的活塞连杆机构。</td></tr>
</table>

四、安装机油泵

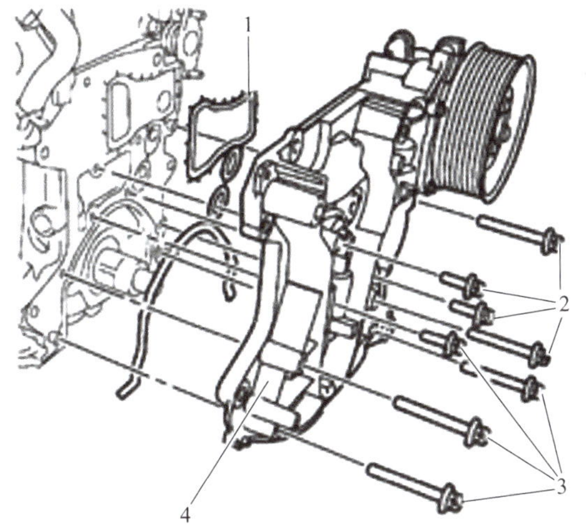

安装新的发动机罩衬垫 1 和包含机油泵 4 的发动机盖。

提示：

◆ 安装 8 个发动机盖螺栓（2、3）并紧固至 20 N · m。

五、安装油底壳

1. 在气缸体上涂抹密封胶。

提示：

◆ 清洁密封面。

◆ 在接合面上涂一层约 3.5 mm 厚的油底壳密封胶。

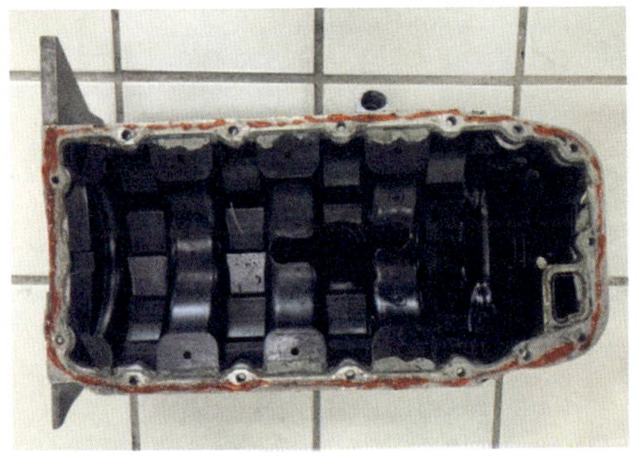

2. 在油底壳上涂抹密封胶。

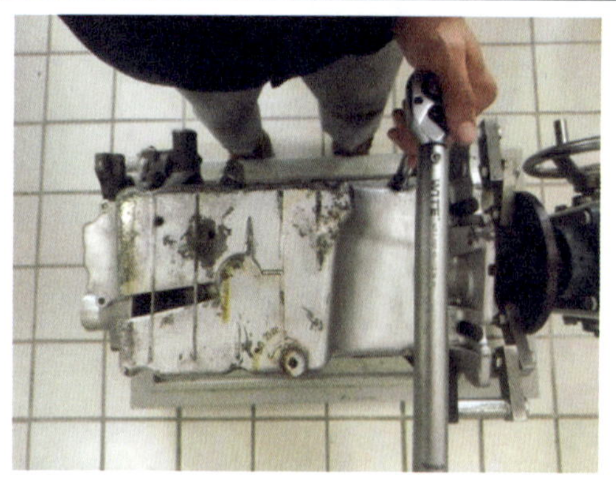 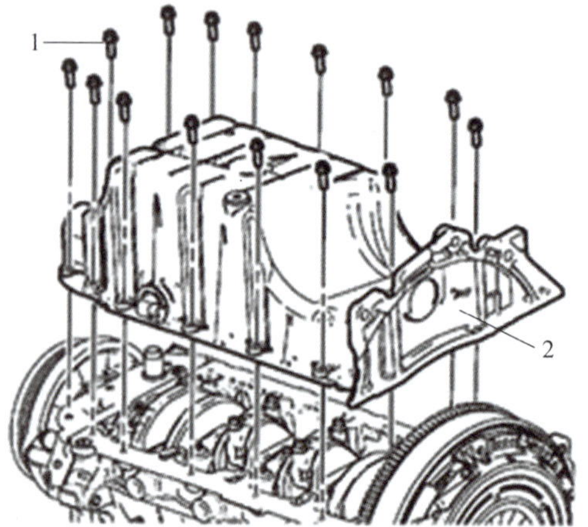 	3. 安装油底壳。 **提示：** ◆ 将 15 个油底壳螺栓 1 安装到油底壳 2 上并紧固至 10 N · m。
	4. 安装油底壳放油螺栓。 **提示：** ◆ 放油螺栓拧紧力矩为 30 N · m。
	5. 翻转发动机拆装台架将油底壳朝下。

	6. 将1缸活塞转至上止点。

任务3 配气机构的安装

实训目标

1. 能说出配气机构的安装步骤。
2. 能按照技术要求安装配气机构。
3. 能说出安装配气机构的注意事项。

实训器材

1. 发动机拆装台架。

2. 发动机拆装专用工具、工具车、零件车、工作台、凸轮轴锁止工具、挠度尺、润滑油、表面密封剂、抹布等。

3. 发动机拆装与维修实训教材、维修手册、发动机的相关图册若干。

技能训练

一、操作前准备	
	1. 将工位清理干净，准备好所需的工具、物品等。

<table>
<tr><td>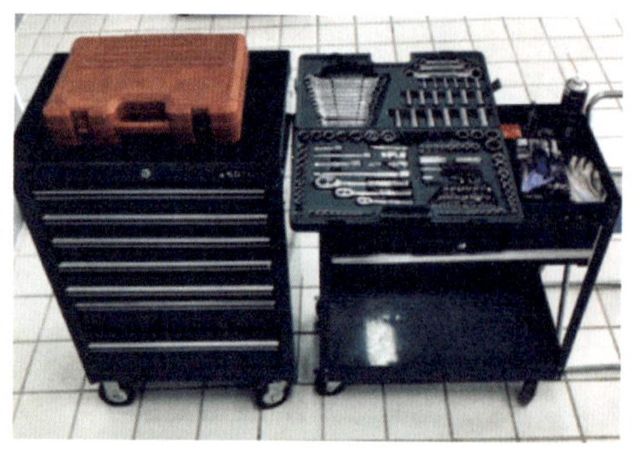</td><td>2. 检查发动机拆装台架是否完好以及是否安全固定。
3. 如果是第一次安装，需要对照零件的拆卸顺序进行安装，以保证装配时不出错。
提示：
◆ 培养良好的工作习惯，做好事前准备，有利于安全操作和提高工作效率。</td></tr>
<tr><td colspan="2">二、安装气门</td></tr>
<tr><td></td><td>1. 在气门导管和气门上涂上润滑油，并按顺序将它们安装到气缸盖中。</td></tr>
<tr><td></td><td>2. 用专用工具安装气门杆密封件。</td></tr>
<tr><td></td><td>3. 将气门弹簧和气门座圈安装到气缸盖中。
提示：
◆ 先安装进气门的气门弹簧和气门座圈，再安装排气门，按从 1 缸到 4 缸的顺序安装。</td></tr>
</table>

4. 安装气门锁片。

提示：

◆ 向下推固定箱并将气门锁片安装在装配头中。

三、安装凸轮轴

1. 安装进气凸轮轴。

提示：

◆ 安装4个进气凸轮轴轴承盖2~5号，顺序为3→4→2→5。

◆ 安装8个进气凸轮轴轴承盖螺栓，并从内到外紧固至8 N·m。

2. 安装排气凸轮轴。

提示：

◆ 安装4个排气凸轮轴轴承盖6~9号，顺序为7→8→6→9。

◆ 安装8个排气凸轮轴轴承盖螺栓，并从内到外紧固至8 N·m。

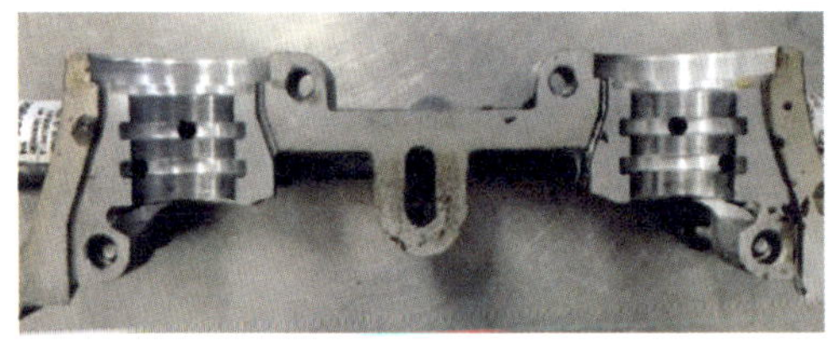

3. 清洁第一凸轮轴轴承架和气缸盖的密封面，清除油管中残余的密封胶。

4. 安装凸轮轴轴承盖。

提示：

◆ 在第一凸轮轴轴承盖的密封面上薄而均匀地涂上表面密封剂。

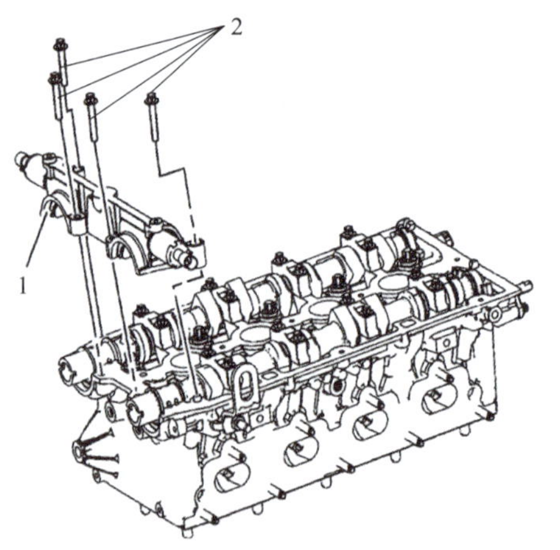

5. 安装轴承盖螺栓。

提示：

◆ 安装第一凸轮轴轴承盖 1 上的螺栓 2 并分两遍拧紧，第一遍紧固至约 2 N·m，第二遍紧固至 8 N·m。

6. 安装密封圈。

提示：

◆ 将 2 个新密封圈安装到凸轮轴上，直到密封圈与气缸盖接触。

◆ 使用凸轮轴链轮螺栓及总厚度约为 10 mm 的垫片进行安装。

四、安装气缸盖

1. 安装气缸盖衬垫。

2. 安装气缸盖。

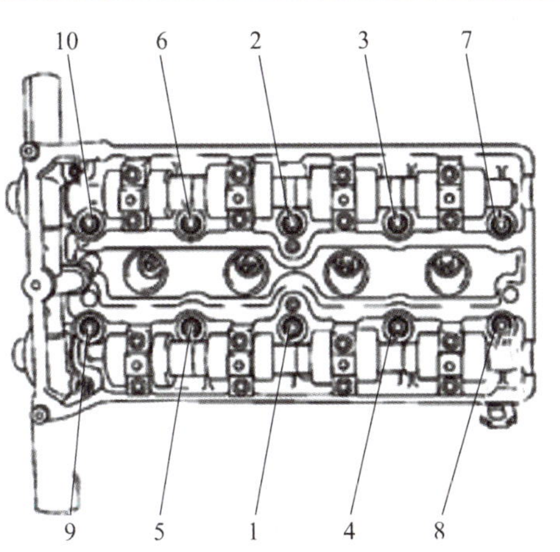

3. 按左图所示顺序安装新的气缸盖螺栓。

提示：

◆ 分5遍拧紧螺栓，第一遍紧固至25 N·m，第二遍紧固至90°，第三遍紧固至90°，第四遍紧固至90°，第五遍紧固至45°。

◆ 不同的车型螺栓拧紧方法有区别，但基本原则都是先拧紧中间的，后拧紧两端的，用规定力矩分次拧紧。

五、安装正时机构

1. 安装正时带后盖。

提示：

◆ 安装4个新的正时带后盖螺栓并紧固至6 N·m。

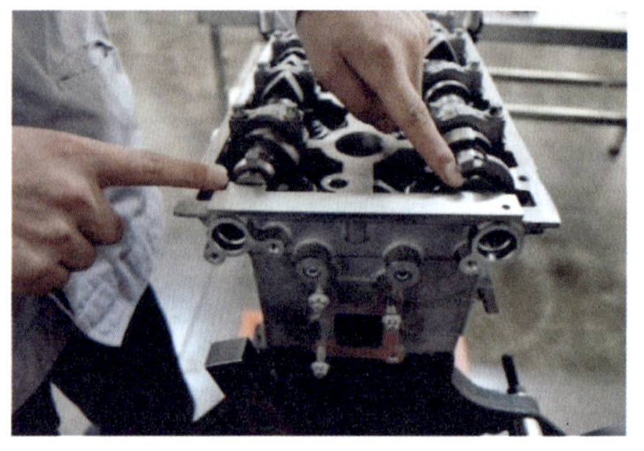

2. 安装凸轮轴锁止机构。

提示：

◆ 用左图所示箭头所指的六角螺栓水平对准凸轮轴，直至锁止机构可以插入两个凸轮轴。

3. 安装进气凸轮轴位置执行器调节器螺栓和排气凸轮轴位置执行器调节器螺栓。

4. 紧固凸轮轴位置执行器调节器。

将凸轮轴锁止工具安装到进气凸轮轴位置执行器调节器和排气凸轮轴位置执行器调节器中。

提示：

◆ 使用专用工具分三遍紧固凸轮轴位置执行器调节器螺栓，第一遍紧固至 50 N·m，第二遍紧固至 150°，第三遍紧固至 15°。

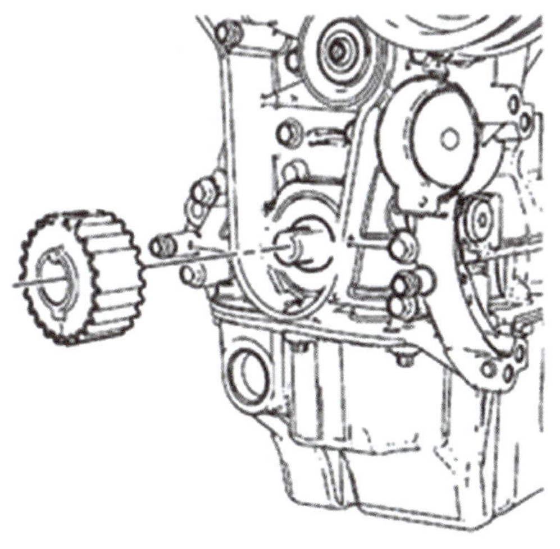

5. 对正正时点。

提示：

◆ 正时带传动齿轮和油泵壳体必须对齐。

◆ 转动曲轴扭转减振器螺栓，沿发动机旋转方向将曲轴转动到 1 缸的压缩冲程上止点后，再安装正时带传动齿轮。

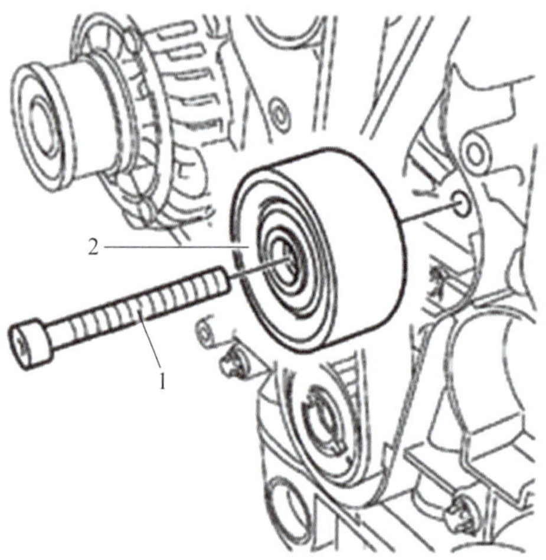

6. 安装正时带惰轮 2。

提示：

◆ 拧紧新的正时带惰轮螺栓 1，第一遍紧固至 20 N · m，第二遍将新正时带惰轮螺栓紧固至 120°，最后一遍将新正时带惰轮螺栓再紧固至 15°。

7. 安装正时带张紧器。

提示：

◆ 清洁正时带张紧器螺纹。

◆ 分三遍紧固螺栓，第一遍紧固至 20 N · m，第二遍紧固至 120°，最后一遍再紧固至 15°。

8. 安装正时带。

提示:

◆ 如果重复使用正时带，应记录正时带的方向。

◆ 将正时带通过正时带张紧器并将其放置在曲轴带轮上。

◆ 将正时带放置在排气和进气凸轮轴位置执行器调节器上。

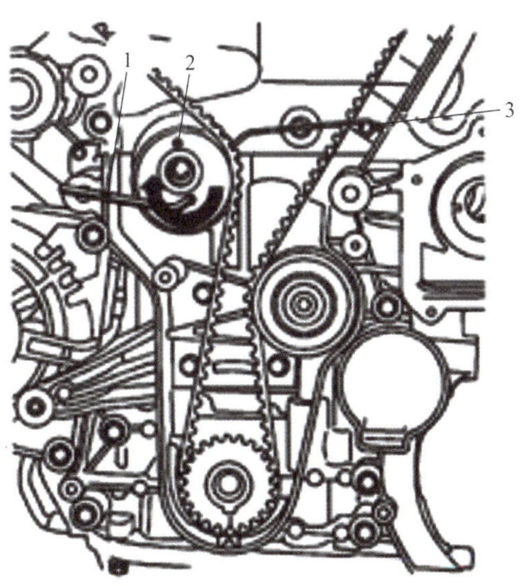

9. 调整正时带张紧器，拆下左图所示锁销 3。

提示:

◆ 使用内六角扳手 1 向箭头指示的方向对正时带张紧器 2 施加张力。

◆ 利用挠度尺检测正时带张紧度是否符合维修手册标准。

	10. 检查曲轴位置。 提示: ◆ 检查凸轮轴带轮的位置。 ◆ 转动曲轴扭转减振器螺栓，沿发动机旋转的方向将曲轴旋转 720°。
	11. 安装正时带下前盖。 提示: ◆ 将正时带下前盖螺栓紧固至 6 N·m。
	12. 安装曲轴位置变磁阻环。

13. 安装飞轮。

提示：

◆ 安装6个新的飞轮螺栓并分三遍紧固螺栓，第一遍紧固至60 N·m，第二遍紧固至45°，第三遍再紧固至15°。

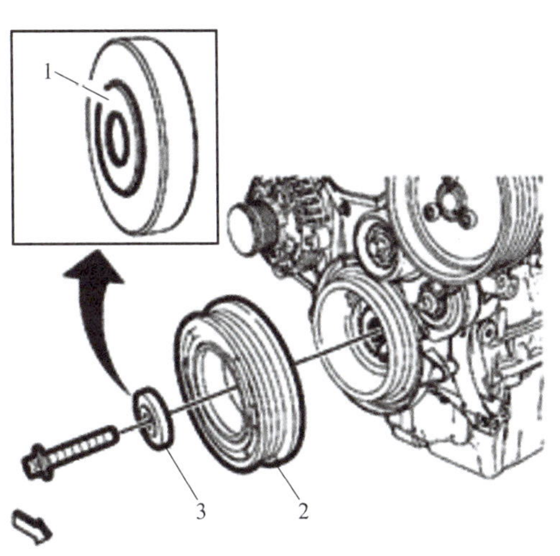

14. 安装曲轴扭转减振器2和垫圈1、3。

提示：

◆ 分三遍紧固螺栓，第一遍紧固至95 N·m，第二遍紧固至45°，最后一遍再紧固至15°。

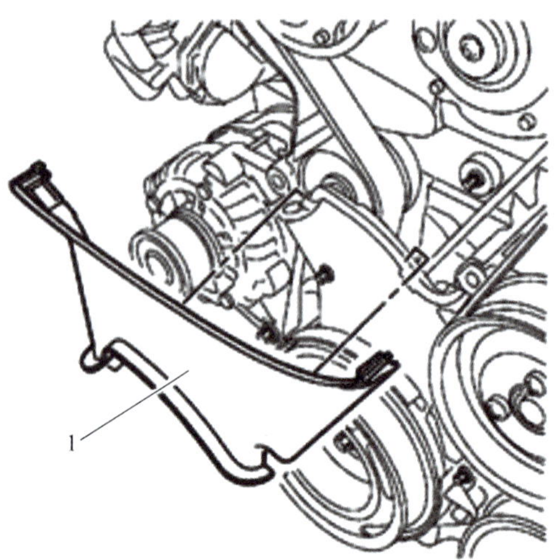

15. 安装正时带中前盖 1。

提示：

◆ 将正时带中前盖 1 安装到正时带后盖上。

16. 安装正时带上前盖 1。

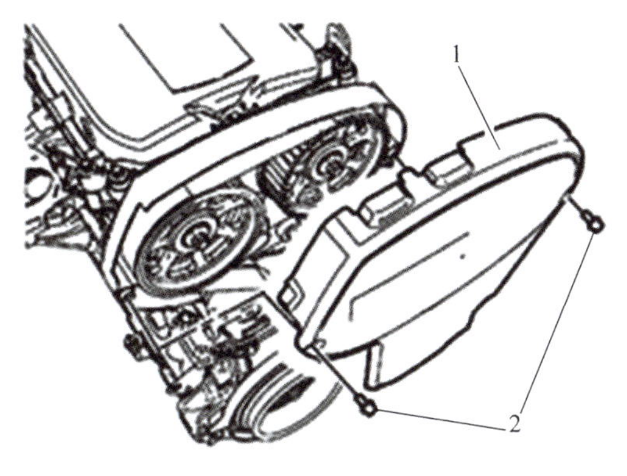

提示：

◆ 安装两个正时带上前盖螺栓2并紧固至6 N·m。

任务4 发动机外围部件的安装

实训目标

1. 能说出安装发动机外围部件的操作步骤。
2. 能按照技术要求安装发动机外围部件。
3. 能说出安装发动机外围部件的注意事项。

实训器材

1. 发动机拆装台架、实训整车。
2. 发动机拆装专用工具、工具车、零件车、工作台、润滑油、抹布若干。
3. 发动机拆装与维修实训教材、维修手册、发动机的相关图册若干。

技能训练

一、操作前准备

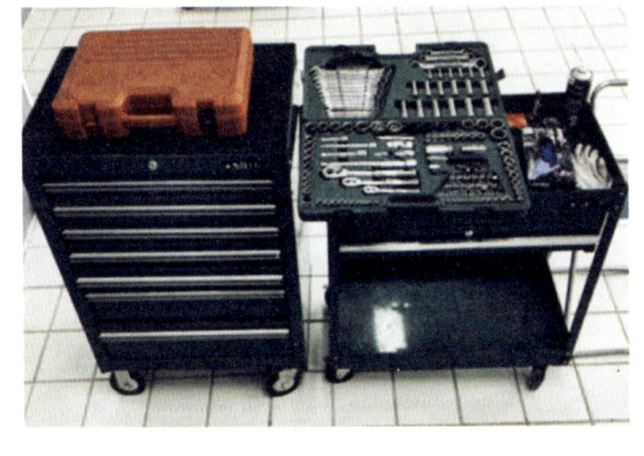

1. 将工位清理干净，准备好相关的工具、物品等。

2. 将发动机拆装台架准备好，并安全固定。

3. 如果是第一次安装，需要对照零件的拆卸顺序进行安装，以保证装配时不出错。

提示：

◆ 培养良好的工作习惯，做好事前准备，有利于安全操作和提高工作效率。

二、安装冷却液泵

1. 安装冷却液泵。

提示：

◆ 清洁密封面和冷却液泵螺纹孔。

◆ 安装新的衬垫。

◆ 安装冷却液泵 1。

◆ 安装 5 个新的螺栓 2，并紧固至 8 N · m。

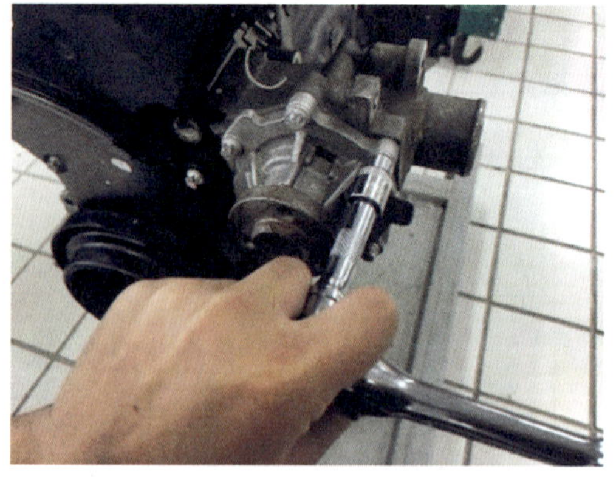

2. 安装冷却液泵带轮 2。

提示:

◆ 将冷却液泵带轮 2 安装到冷却液泵 3 中。

◆ 安装 3 个冷却液泵带轮螺栓 1 并紧固至 20 N·m。

三、安装节温器总成

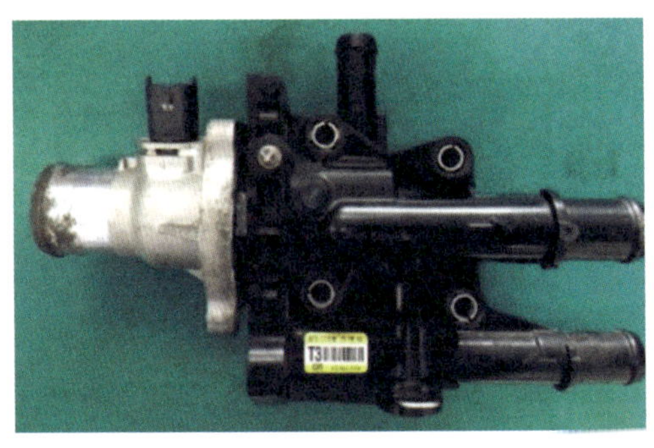

1. 安装节温器。

2. 安装节温器壳体。

提示：

◆ 清洁密封面。

◆ 安装新的发动机冷却液节温器壳体密封件。

◆ 安装4个发动机冷却液节温器壳体螺栓，并紧固至2 N·m。

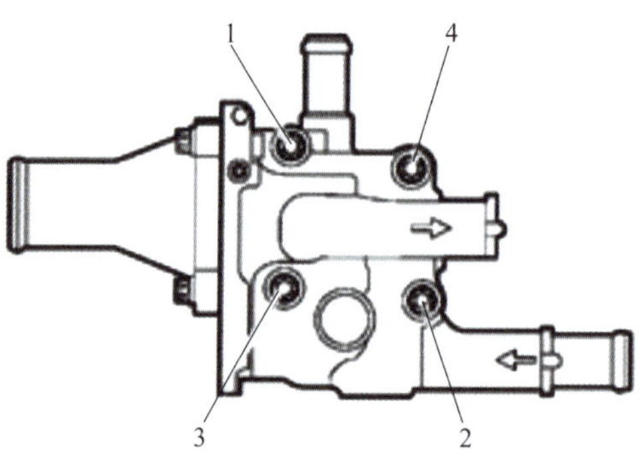

3. 紧固节温器壳体螺栓。

提示：

◆ 将4个发动机冷却液节温器壳体螺栓按左图所示顺序紧固至8 N·m。

四、安装发动机机油冷却器和机油滤清器

1. 安装发动机机油冷却器。

提示：

◆ 清洁发动机机油冷却器与发动机机油滤清器壳体的密封面。

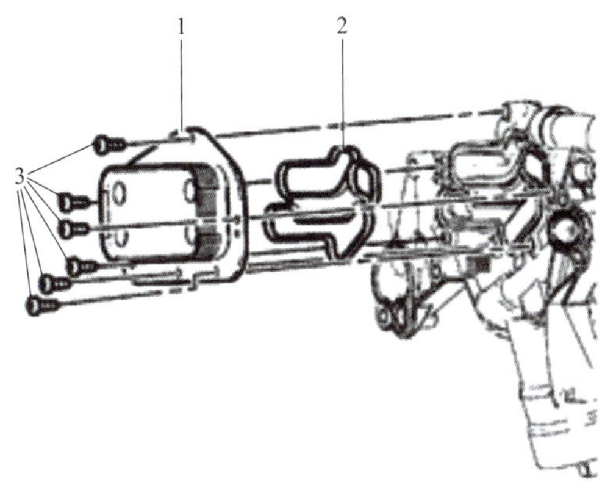

◆ 将新的发动机机油冷却器衬垫 2 和发动机机油冷却器 1 安装到发动机机油冷却器壳体上。

◆ 安装 6 个发动机机油冷却器螺栓 3，并紧固至 8 N · m。

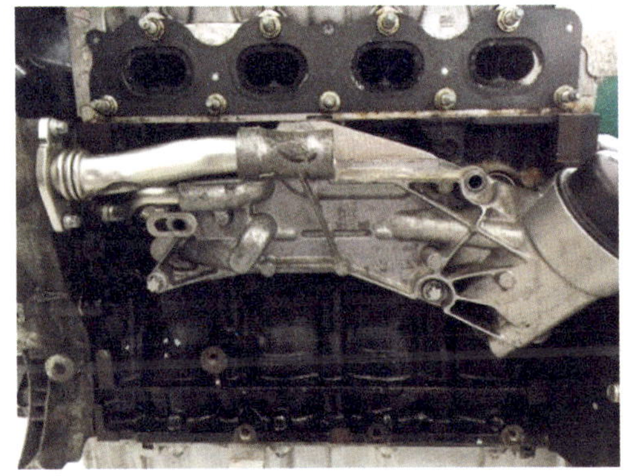

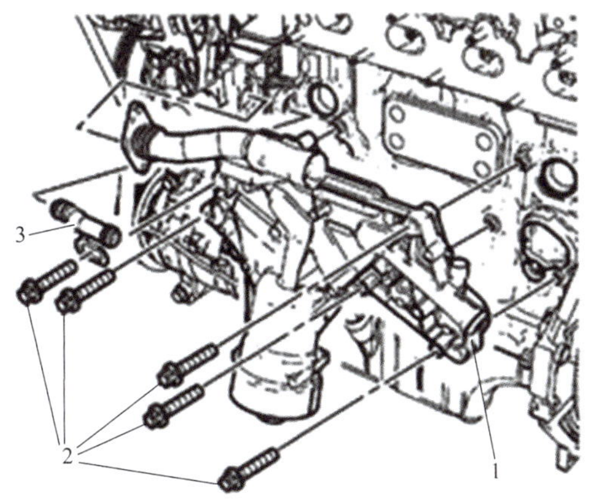

2. 安装发动机机油冷却器壳体。

提示：

◆ 清洁发动机机油冷却器壳体与发动机气缸体的密封面。

◆ 安装新的衬垫。

◆ 安装发动机机油冷却器进水管 3。

◆ 安装发动机机油冷却器壳体 1 和 5 个发动机机油冷却器壳体螺栓 2 并紧固至 22 N · m。

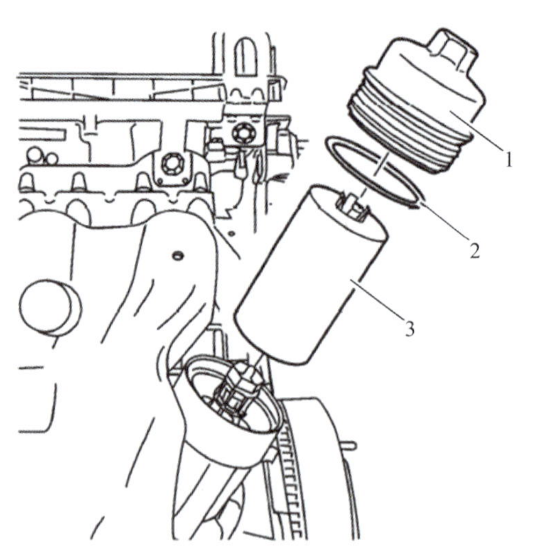

3. 安装机油滤清器。

安装新的机油滤清器滤芯3和机油滤清器盖密封圈2，安装机油滤清器盖1，并紧固至25 N·m。

提示：

◆ 在密封圈上涂上发动机润滑油。

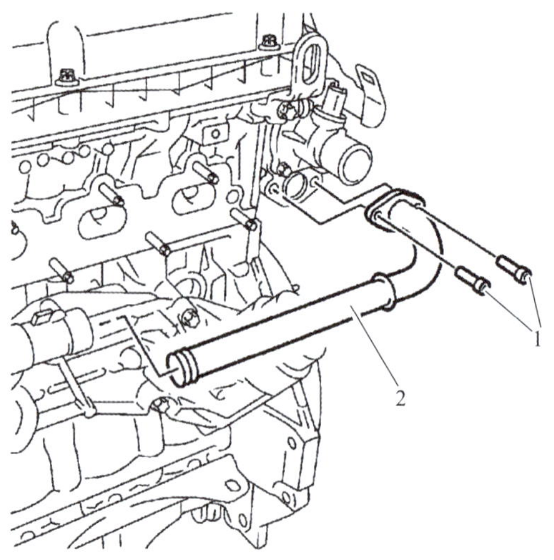

4. 安装冷却液管2。

提示：

◆ 将节温器壳体冷却液管2安装到发动机机油冷却器壳体上。

◆ 安装2个节温器壳体冷却液管螺栓1，并紧固至8 N·m。

五、安装排气歧管

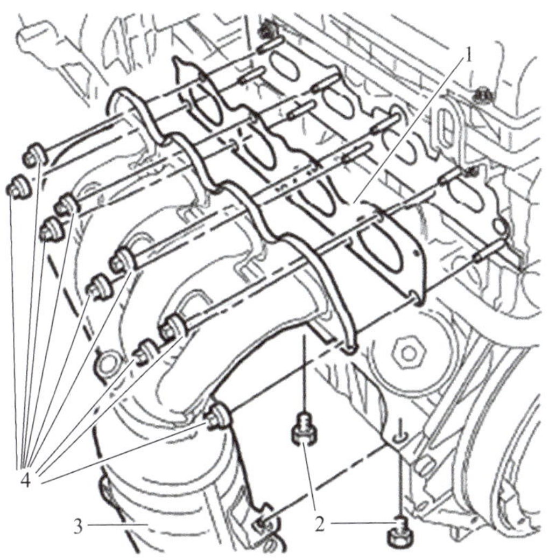

1. 安装排气歧管 3。

提示:

◆ 清洁排气歧管密封面，将新的排气歧管衬垫 1 安装到气缸盖上。

◆ 安装排气歧管 3，并将新螺母 4 紧固至 20 N · m。

◆ 安装 2 个排气歧管托架螺栓 2，并紧固至 20 N · m。

2. 安装排气歧管隔热罩 1。

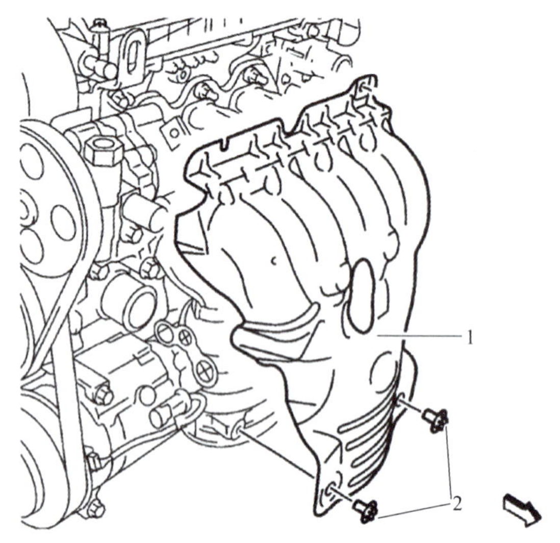

提示：

安装两个排气歧管隔热罩螺栓 2，并紧固至 8 N·m。

六、安装进气歧管

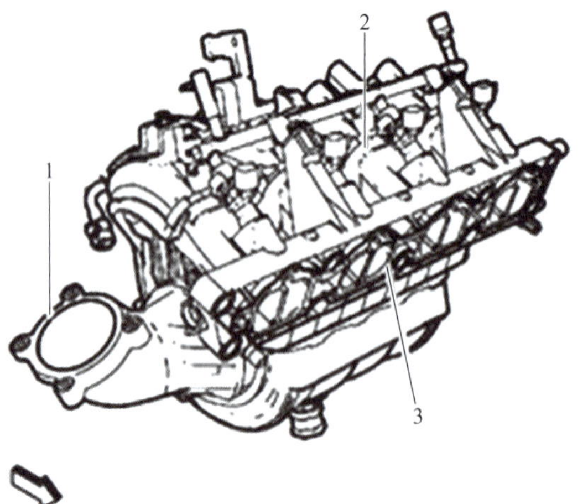

1. 安装进气歧管密封件。

提示：

◆ 将新的进气歧管密封件 1、3 安装到进气歧管 2 上。

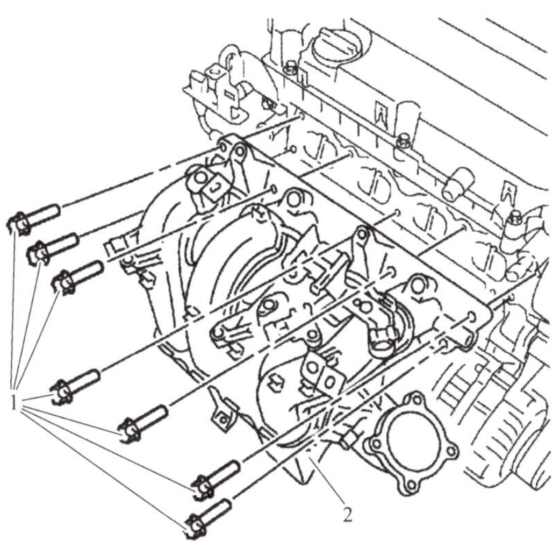

2. 安装进气歧管 2。

提示：

- 清洁密封面。
- 插入新的衬垫。
- 安装 7 个进气歧管螺栓 1，并紧固至 20 N·m。

七、安装节气门体总成

1. 安装新的节气门体密封件。

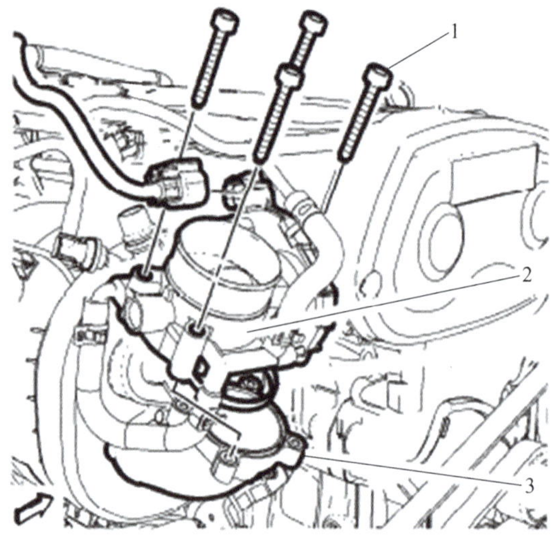

2. 将节气门体总成 2 安装至进气歧管 3。

提示:

◆ 连接 4 个节气门体螺栓 1 并紧固至 8 N·m。

3. 安装节气门体加热器进口软管和节气门体加热器出口软管。

4. 安装曲轴箱强制通风管。

提示:

将曲轴箱强制通风管安装至节气门体和气门室罩盖上。

八、安装空气滤清器总成

1. 安装空气滤清器总成。

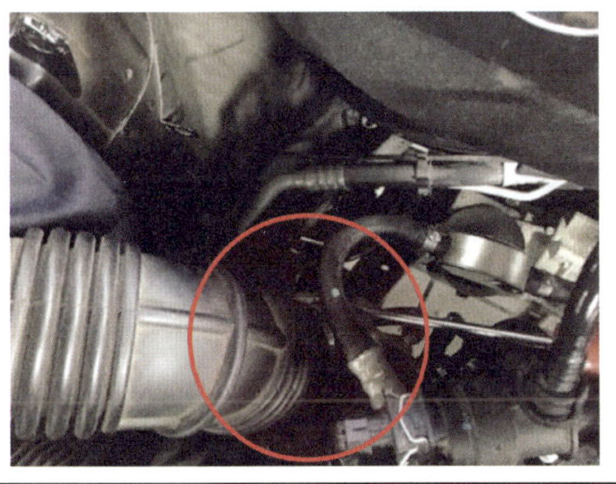

2. 紧固空气滤清器后出气管至进气歧管卡箍。

九、安装喷油器

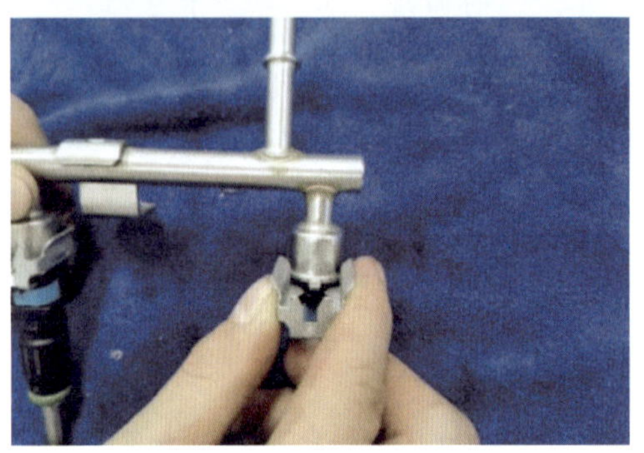

1. 将喷油器安装到燃油导轨上。

提示：

◆ 安装密封圈前，先在其上涂抹一层润滑油，可防止其损坏。

◆ 喷油器有两个密封圈，上部密封圈主要是用于密封喷油器和燃油分配管，防止燃油泄漏；下部密封圈用于密封喷油器和进气歧管，防止进气歧管漏气。

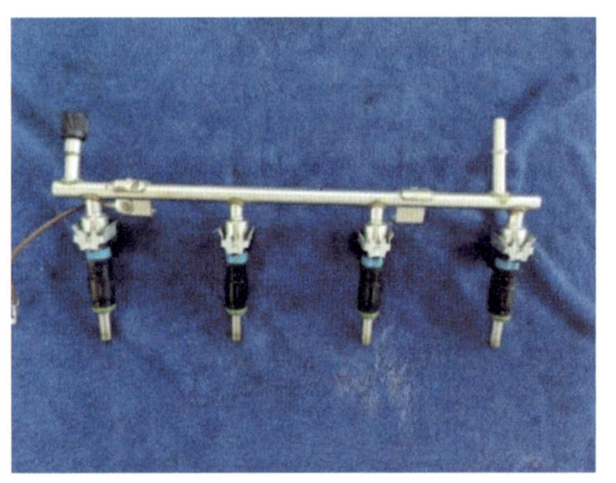

2. 组装好所有喷油器。

提示：

◆ 操作时应在干净的平面上进行，以防灰尘、杂质将喷油器孔堵住。

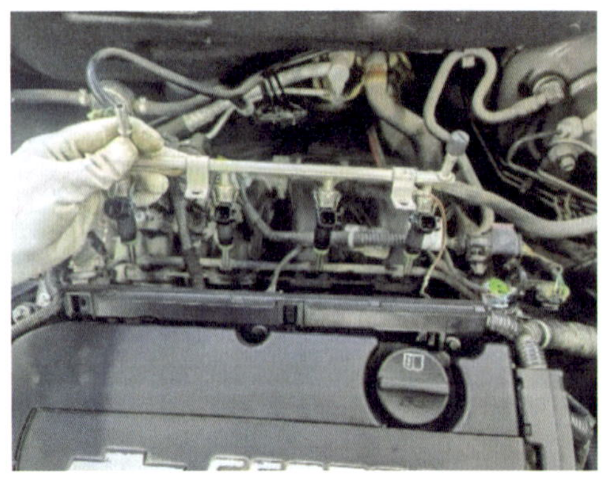

3. 将喷油器总成安装到进气歧管上。

提示：

◆ 安装时需注意喷油器喷嘴是否安装到位。

◆ 安装2个燃油导轨螺栓并紧固至8 N·m。

十、安装起动机

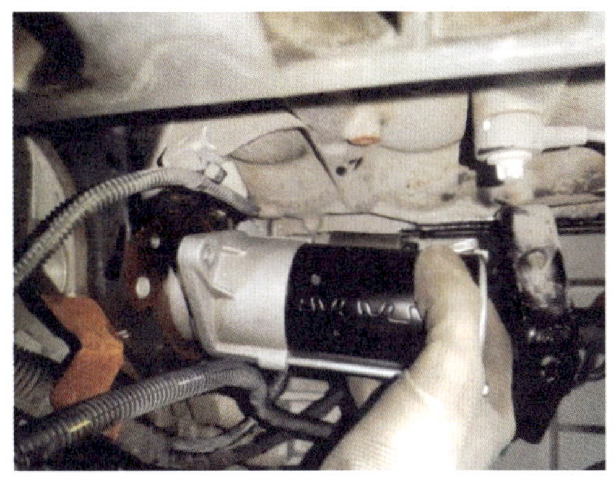

1. 安装起动机螺栓，将搭铁电缆安装在紧固螺栓上，紧固力矩为25 N·m。

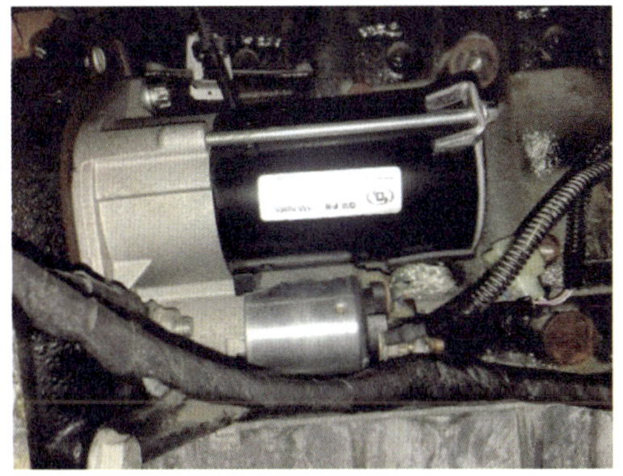

2. 安装起动机正极电缆螺母，紧固力矩为12.5 N·m。

提示：

◆ 起动机搭铁电缆螺母紧固力矩为2 N·m。

◆ 起动机双头螺栓紧固力矩为25 N·m。

十一、安装发电机

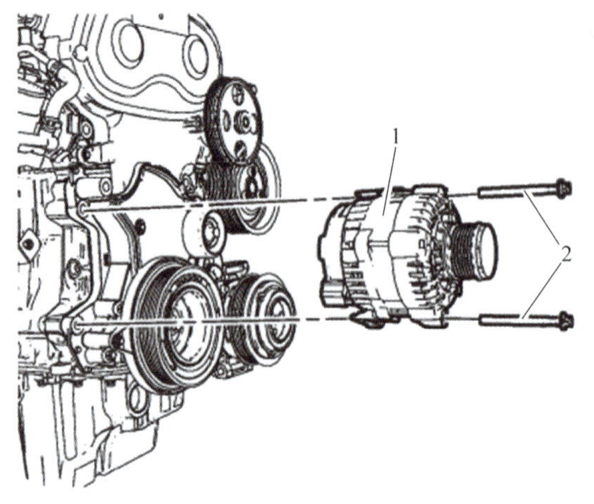

1. 安装发电机 1。

安装 2 个发电机固定螺栓 2，并紧固至 35 N · m。

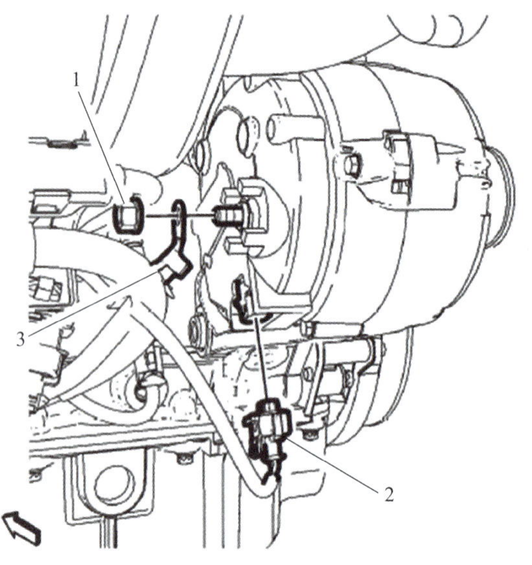

2. 安装发电机正极电缆 3 和发电机正极电缆螺母 1。

连接发电机线束插头 2。

	3. 安装发电机线束螺母并将其紧固至 12.5 N・m。
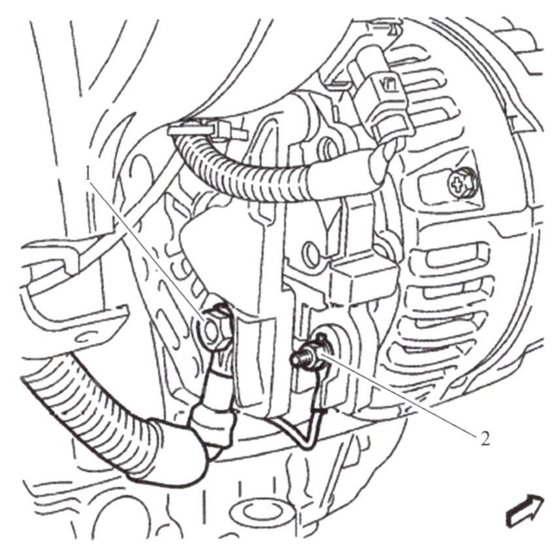	4. 安装发电机正极电缆螺母 1 并紧固至 7 N・m。
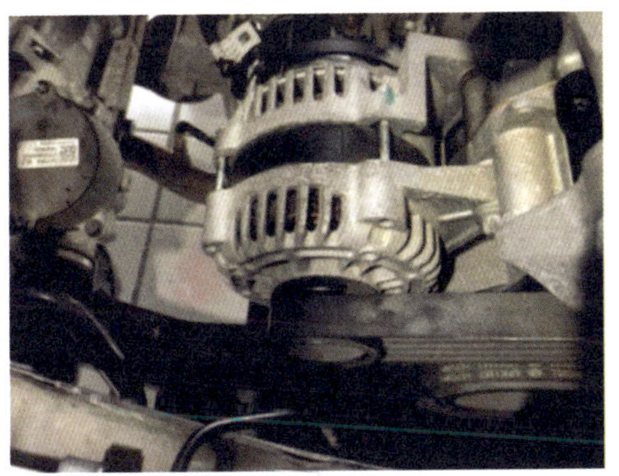	5. 安装发电机和空调压缩机传动带。 **提示：** ◆ 安装时通过调整螺栓的力矩大小，调整好发电机传动带张紧度。

十二、安装冷却液管

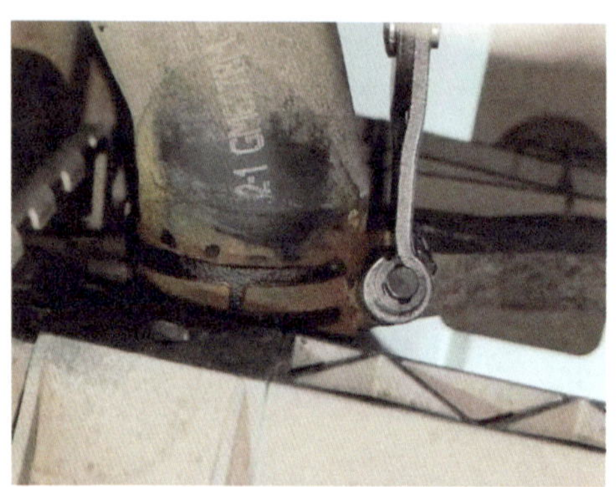

安装散热器冷却液进口软管和出口软管。

提示：

◆ 发动机冷却液管及接头较多，要能正确认识每根冷却液管的流向，有通往节气门体的、空调暖风装置的、散热器和冷却液泵的等。

◆ 冷却液管安装时要用卡箍牢固连接，以防止冷却液渗漏。

十三、安装传感器和执行器

1. 安装空气流量计。

提示：

◆ 安装前应检查空气流量计插头针脚是否有弯曲、折断的情况，如有应修复或更换。

 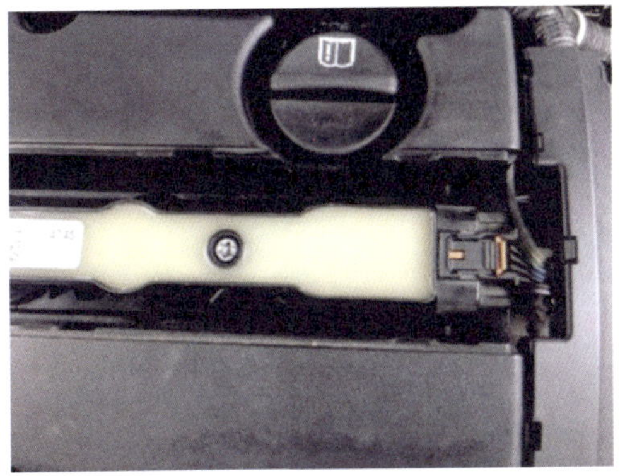	2. 安装点火线圈总成及线束插头。
	3. 安装活性炭罐电磁阀。
	4. 将燃油箱通风管安装到活性炭罐电磁阀上。

	5. 安装进油管。 提示： 将燃油加注口管安装到燃油导轨上，油管卡箍应紧固。
 	6. 安装进气歧管绝对压力传感器。
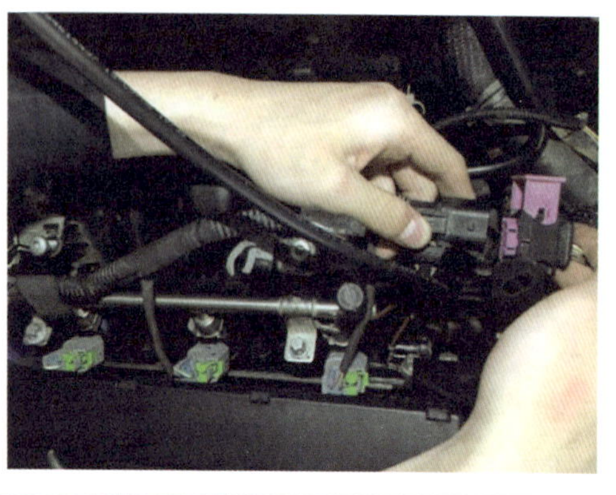	7. 安装喷油器线束及插头。

	8. 安装冷却液温度传感器。
	9. 安装凸轮轴位置传感器。
	10. 安装氧传感器。
	11. 安装曲轴位置传感器。

十四、连接电源

1. 安装蓄电池，连接蓄电池正、负极柱导线。

提示:

◆ 蓄电池极柱要求连接牢固、可靠。

◆ 蓄电池极柱要求无锈蚀、无腐蚀。

◆ 正负极不能接错。

◆ 连接电源前应检查各电路是否连接正确，有无附件漏接或错接。

2. 找到熔丝继电器插座板，安装燃油泵继电器。

提示:

◆ 判断熔丝状态，可用万用表电阻挡检测。

任务5 发动机运行调试

实训目标

1. 能正确选用发动机冷却液和润滑油，并进行加注和检查。
2. 能正确匹配节气门组件。
3. 能说出气缸压力的检查方法。
4. 能对发动机进行运行试验，并判断发动机工作是否正常。

实训器材

1. 发动机拆装台架、实训整车。

2. 发动机拆装专用工具、工具车、零件车、工作台、故障诊断仪、数字万用表、润滑油、冷却液、抹布等。

3. 发动机拆装与维修实训教材、维修手册、发动机的相关图册若干。

技能训练

一、操作前准备

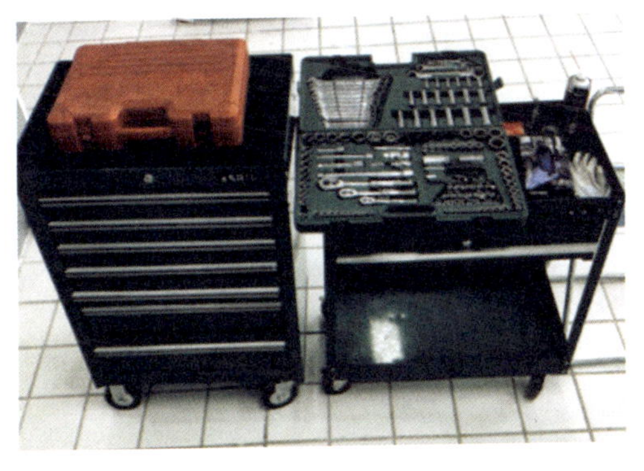

1. 将工位清理干净，准备好相关的工具、物品等。

2. 检查发动机拆装台架是否完好以及是否安全固定。

提示：

◆ 培养良好的工作习惯，做好事前准备，有利于安全操作和提高工作效率。

二、发动机外围部件安装和连接的检查

1. 检查发动机外围各机械部件的连接是否正确、可靠。
2. 检查发动机电路、气路、油路的连接是否正确、可靠。

三、加注润滑油

	1. 打开润滑油加注口盖。
	2. 从加注口处注入润滑油。 提示： ◆ 必须使用 API 质量等级标准 SN 级或 SN 级以上的润滑油。
	3. 拧紧润滑油加注口盖。

4. 检查润滑油液位。

提示:

◆ 将发动机静置 3 min，检查润滑油液位，润滑油液位应位于油尺刻度线中部偏上，若不足则需添补。

◆ 发动机运行 5 ~ 10 min 后，静置 3 min，检查润滑油液位，润滑油液位应位于油尺刻度线中部，若不足则需添补。

四、加注冷却液

1. 拧开储液罐盖。

提示:

◆ 从储液罐口处加注冷却液。

2. 加注冷却液。

提示:

◆ 必须使用 TLVW774D 标准的冷却液。

3. 检查冷却液液位。

提示：

◆ 冷却液需缓慢添加，反复挤压上、下冷却液管，使发动机及散热器水箱中的空气排净。

◆ 发动机运转 10 min，待冷却后检查冷却液液位，应处于储液罐刻度线中间。

五、检查蓄电池

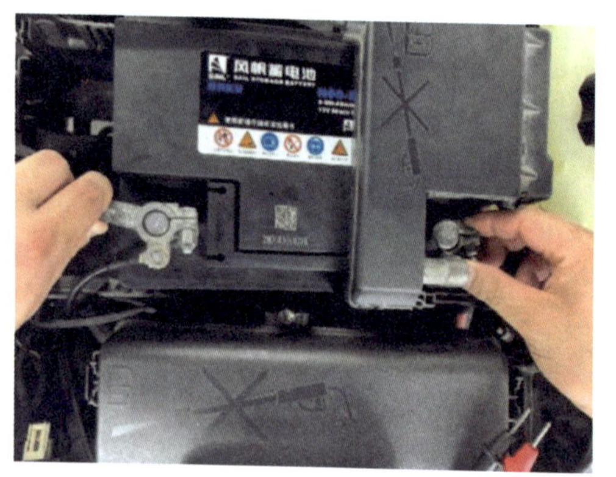

1. 检查蓄电池极柱是否连接牢固。

提示：

◆ 如出现极柱松动应及时紧固，如有锈蚀应及时用砂纸打磨。

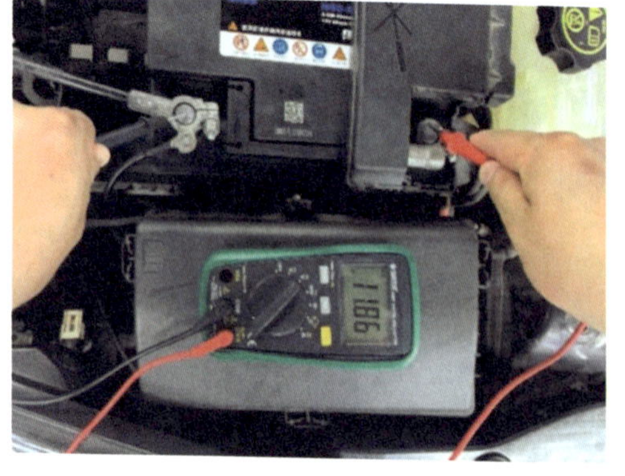

2. 用万用表检查蓄电池电压。

提示：

◆ 若电压不足应充电或更换蓄电池。

六、检查仪表盘

打开点火开关，检查仪表盘各指示灯。

提示：

◆ 发动机防盗指示灯应闪亮 3 s 后熄灭。

◆ 机油压力指示灯应一直闪亮。

◆ 蓄电池指示灯应常亮。

◆ 冷却液液位指示灯应闪亮后熄灭。

◆ 燃油箱表应有显示。

◆ 打开点火开关，应听到燃油泵工作的声音，否则需检查燃油泵电路。

七、匹配节气门

1. 在点火开关关闭的情况下连接故障诊断仪。

2. 打开点火开关，打开故障诊断仪，检查发动机有无故障码，若有故障码需进行故障排除。

3. 选择“发动机系统”。

4. 选择“节气门匹配”功能。

提示：

◆ 在更换节气门体或发动机修理后需进行节气门匹配，以消除 ECU 记忆。

八、运行检查

1. 启动发动机，检查其启动性能。

（1）冷车启动：要求在环境温度低于 −5 ℃时能顺利启动。

（2）热车启动：要求在正常工作温度下，5 s 内能启动。

2. 检查燃油压力。

发动机燃油压力标准值为（250 ± 20）kPa，否则应检查其原因。

3. 检查发动机运行工况。

启动发动机，运转至正常工作温度。

（1）检查发动机运转工况：要求发动机怠速运转稳定，转速波动在 50 r/min 内。

（2）检查转速变化工况：要求发动机转速改变时应平稳、平顺，突然加速或减速时，不得有爆燃、断火、异常抖动等现象。

4. 检查发动机运转时有无异响。

5. 检查发动机润滑油压力、冷却液温度和润滑油温度。

6. 检查发动机进气歧管真空度。

要求发动机怠速时，进气歧管真空度为 57 ~ 70 kPa。

7. 检查发动机排放。

要求发动机排放符合现行的国家标准。

8. 检查发动机“四漏”情况。

要求发动机无漏水、漏油、漏气、漏电现象。